仕事のできる人を「辞めさせない」15分マネジメント術

離職を防ぐために今やるべきこと

岡本文宏
Fumihiro Okamoto

WAVE出版

まえがき

これまでに、セミナーや研修などの受講者に対して3万枚以上のアンケートを行ってきました。その中で、上司、経営者の一番の悩みは「若手人材の離職」でした。

厚生労働省のデータによると就職後3年以内の離職率は高卒就職者で35・9％、大卒就職者は31・5％。従業員数が5人以上29人未満の事業所になると、高卒51・7％、大卒48・8％と、新規就職者の半数が辞めてしまいます。（※1）

これは、10年以上前から多少の上下はあるものの大きな変化はありません。「離職」は、以前から上司、経営者にとって大きな問題です。

特に今は、人手不足の状況が常態化している職場が多く、せっかく採用して育ててきた若手人材が離職してしまうのは、組織にとってカウンターパンチを食らうほど大きなダメージとなります。

上司、経営者は、少人数でこれまで以上の成果を上げることが求められる現在、自らプレイングマネージャーとして業績アップのためにチームの先頭に立ち、旗を振り続けなければなりません。そのため、じっくり腰を据えて、スタッフと向き合う時間が取れないというのが実情です。

そこで、多くの時間をかけずに、効率よく部下を育て、マネジメントできる手法として、15分で完結できるマネジメント法をお伝えするのが本書です。

15分であれば、すきま時間を利用しての実践が可能ですし、スタッフの集中力も維持できます。ぜひ、人の問題から解放されるためのガイドブックとして本書をご活用ください。

石の上にも3年は今は昔

「石の上にも3年」という言葉がありますが、今は入社後すぐに辞めてしまうスタッフも多くいます。一昔前は、自分の経歴を気にして、職場で嫌なことがあっても、なんとか頑張って、一定期間は踏みとどまる人もいましたが、近年はそういう考えも薄れました。

優秀なスタッフほど、早々に会社に見切りをつけて退職してしまう傾向が強いです。

私がアパレル専門店チェーンのエリアマネージャーをしていたとき、部下の中には、あれこれ指示しなくとも、自分で考えて行動してよい成績を上げてくる社員もいましたが、逆に、指示をしたことすら満足にできない部下もいました。

当時の私は、優秀な部下は「放っておいても大丈夫だろう」と考え、仕事ができない部下の指導に時間も労力も費やしていました。

そうしたところ、優秀で自分の右腕と思っていた部下から、突然「辞めたい」と言われてしまった経験があります。

私としては、業績も好調だし、本部の役員からも期待されているのに、なぜ、辞めてしまうのかとても不思議でした。

どうして、その部下が辞めたいと思うようになったのか？

原因は上司である私にありました。何でも自ら進んでやってくれるし、よい成績も上げてくれて、絶大な信頼をおいていたのですが、その気持ちを本人に伝えていなかったのです。コミュニケーションの量も不足していました。

集団の上位2割は意欲的に働く人たちで、中位の6割は普通に働く人たち、下位の2割は働く意欲が低い人になるという2対6対2の法則があります。

上司、経営者は、多くの場合は、かつての私のように下位の2割に力を注いでしまいますが、本来は上位2割に力を注ぐべきなのです。どちらが、本当に大切な人材なのかを考えれば、自ずと理由がわかるでしょう。組織の上位にいる「できる人材」に、上司が手をかけるようにすれば、モベーションが上がり、これまで以上によい成果を上げてくれるようになります。

もちろん、できない人材を放置してもいいと言っているのではありません。上司、経営者の時間やエネルギーは有限なので、その比重をできる人材に傾けることが大切なのです。

若い世代にも、優秀なスタッフは多くいます。3年経たずに辞めてしまうことのないように、一人ひとりに対峙して的確なマネジメントをすれば、定着率は自ずと上がります。

まずはマネジメントする側の意識と行動を変えていきましょう。

目次

仕事のできる人を「辞めさせない」15分マネジメント術――離職を防ぐために今やるべきこと

adoption

Part 2 採用

15分マネジメント成否は「採用」にあり

training

Part 3 人材教育

すぐに辞めない人材に育てる 15分育成法

case study

Part 4 15分マネジメント応用編

ブックデザイン　谷中英之
編集　中嶋 愛・山本貴政（ヤマモトカウンシル）

Part 1

15minutes meeting

15 minutes meeting／15分ミーティングとは

離職を防ぐ！ 15分の対話型マネジメント

1回
5分
1日
15分

部下と1対1で対話する時間を作る

01 上司の仕事の8割が「聞く」こと

上司の仕事とは何か？　それは「チームをまとめて成果を上げること」。そのためには、強力なリーダーシップが必要です。歴史上の人物で言えば、ナポレオンや織田信長。日本の経営者であれば、昭和や平成の時代には、パナソニックの松下幸之助氏、本田技研の本田宗一郎氏、セブン－イレブンの創業者の鈴木敏文氏、などが強いリーダーシップを発揮し、組織を動かしてきたイメージがあります。

ただ、これらの人物には、リーダー自身の能力、カリスマ性があり、個人の力で組織を動かす、いわばリーダーが主役の組織づくりでした。このスタイルは、一部の天才的な能力を持つリーダーにしかできない神業です。そして、経済が上向いており、毎年、企業が成長できた時代のリーダーシップの在り方でした。

しかし、カリスマ上司が「俺についてこい！」と鼓舞して、組織をまとめる時代は終わりました。日本経済の大きな成長を期待できなかったり、先のことを予測しにくい状況下では、**スタッフが主役になる組織づくりが必要です**。具体的には、スタッフが自ら考え、どう行動するのか決めていくことができる組織です。

また現在は、Z世代などの世代間ギャップを強く感じるスタッフや、異文化圏で生まれ育った部下が職場にいるケースも多く、多様性の時代に適したリーダーシップを執ることが求められています。そのためには、上司がスタッフ各自にマッチしたマネジメントをするための土台づくりが必要で、まず取り組むべきは、**スタッフとの「対話」**です。

対話とは「1対1で心も体もお互いに相手に向き合い、目的をもって交わすコミュニケーションのこと」。似た言葉に、会話がありますが、それは「複数の人で行う日常のコミュニケーション全般のこと（何気なくする雑談も含む）」を指し、意味が異なります。

対話をするうえで、最も重要なのは「聞く」こと。

スタッフの話をしっかり聞けば、彼らの置かれている状況を把握できます。また、仕事に対するニーズや各自の特性を理解できるようにもなります。スタッフの現状把握ができれば、マネジメントが格段にやりやすくなります。

だからといって、四六時中、話を聞く必要はありません。**「15分」で十分。**

あなたは、スタッフの話を、たとえ5分間でもじっくりと聞いたことはありますか？

上司や経営者は、スタッフと関わる際に相手の話を聞かず、自分の話をすることに力を入れてしまいがちです。

私は部下のマネジメントに悩まれている方とコンサルティングを行う際、初めに「部下とコミュニケーションをしっかり取っていますか？」と質問しますが、多くの人の答えは「YES」です。

次に、部下と話をする際、自分と部下の話の比率を尋ねると、8割から9割の方が「自分のほうが主となり話をしている」と答えます。多くの人が、無意識にしてしまうのですが、この状況では、部下は上司とコミュニケーションができていると感じません。上司、経営者の話を聞かされているだけで、場合によっては苦痛に感じているかもしれません。

多くは自分の話を聞いてほしい、自分のことを理解してほしい、自分の悩みを知ってほしい、共感してほしいという思いを持っています。

しかし、大半の人は自分のことだけで精一杯。上司、経営者も相手の話を聞くための時間を持てない状況です。職場における人手不足が常態化する中ではなおさらです。

また、人は1分間に150程度の単語を話せますが、聞くことはその約5倍認識できるといわれています。それゆえ、話を聞きながら、他のことを考えたり、別の行動をしてしまいがちです。

業務の報告にきた部下の話を、パソコンで作業をしながら聞き、すげない返事をしている人はいませんか?

そのとき、話し手は「聞かれていない」という気持になります。それが繰り返されると、コミュニケーションを取ることを諦め、心を閉ざしてしまいます。これではマネジメントはうまく機能しません。上司は、スタッフの話を「聞く」ことが大切です。

若い世代が何を考えているのかわからない、コミュニケーションを積極的にとらないという悩みをよく耳にしますが、自分の話ばかりしてくる上司と、会話をしたいと思う人はいません。

上司がしっかり「聞く」ことができると、スタッフは「私の話に耳を傾けてくれる人だ」と好感を抱き、信頼を寄せるようになります。プライベートで、話を聞いてくれる人がいない場合はなおさらです。そして、自分の話を聴いてくれる上司ならば話を「聞こう」と思うようになります。

この信頼関係ができるとスムーズにマネジメントできるようになります。

02 話を聞けば部下のやる気と定着率が上がる!

悩みを抱えたり、業務を進める過程でわからないことがあっても、若くて社歴も浅い部下たちは、悩みを気軽に相談することはままなりません。そうなると、ひとりで頭を抱え、ストレスをためてしまいます。仕事に対する意欲低下を招きます。しかし、ストレス過多になっても、部下からSOSを出すケースは稀。上司がその苦しみに気付けずに放置していると、最悪のケースでは体調を崩して鬱を発症したり、退職につながるので要注意です。

部下が、ひとりで悩み、ストレスを抱え込まないために必要なのは、上司と対話する機会を持つことです。

ただ、多くの職場では、部下との会話は指示や事務的な連絡だけになりがちで、部下は相談しづらいもの。上司は、部下が考えていることも、どういう状況に置かれているのかも把握できません。当然、マネジメントはうまく機能しません。

上司が自分の話を聞いてくれるとわかれば、「大切にされている」「重要な存在だと認められている」と実感でき、「承認欲求」が満たされます。**承認欲求とは、人の根源的な欲求のひとつです。**

アブラハム・マズローが唱えた「5段階欲求説」は、人が生きていくうえで基本的な欲求（食欲、睡眠など）である「生理的欲求」から始まり、「安全欲求」「社会的欲求」とひとつずつ上位の欲求を求めるようになります。その2番目に位置するのが「承認欲求」で、最上位の「自己実現の欲求」に続く高次な欲求です。

組織に所属するだけでも、「社会的欲求」は満たされますが、次の段階として、組織の中で価値ある存在であると認められたい欲求が出てきます。それが承認欲求です。

若い世代には承認欲求が強い人が多くいます。18歳から69歳までの男女1000人を対象としたインターネット上の調査では、Z世代には「他人に認められたい」と回答した人が6割以上と、30歳～69歳の世代よりも10ポイント以上高い結果になっています。

物心ついたときからスマートフォンを持ち、SNSに投稿して「いいね」やリプライをされるのが当たり前の時代で育ってきたので、他の世代よりも承認欲求が強いのでしょう。

そこで、**上司は職場で、常に彼らの承認欲求が満たされるように働きかける**ことが必要となります。その一番の近道は、話を聞くこと。話をしっかり聞けば承認欲求が満たされ、部下のやる気と定着率は自然と上がります。

03 まずは5分、部下の話を聞いてみる

若い世代の部下に対して、「何を考えているのかわからない」と嘆く上司がいますが、

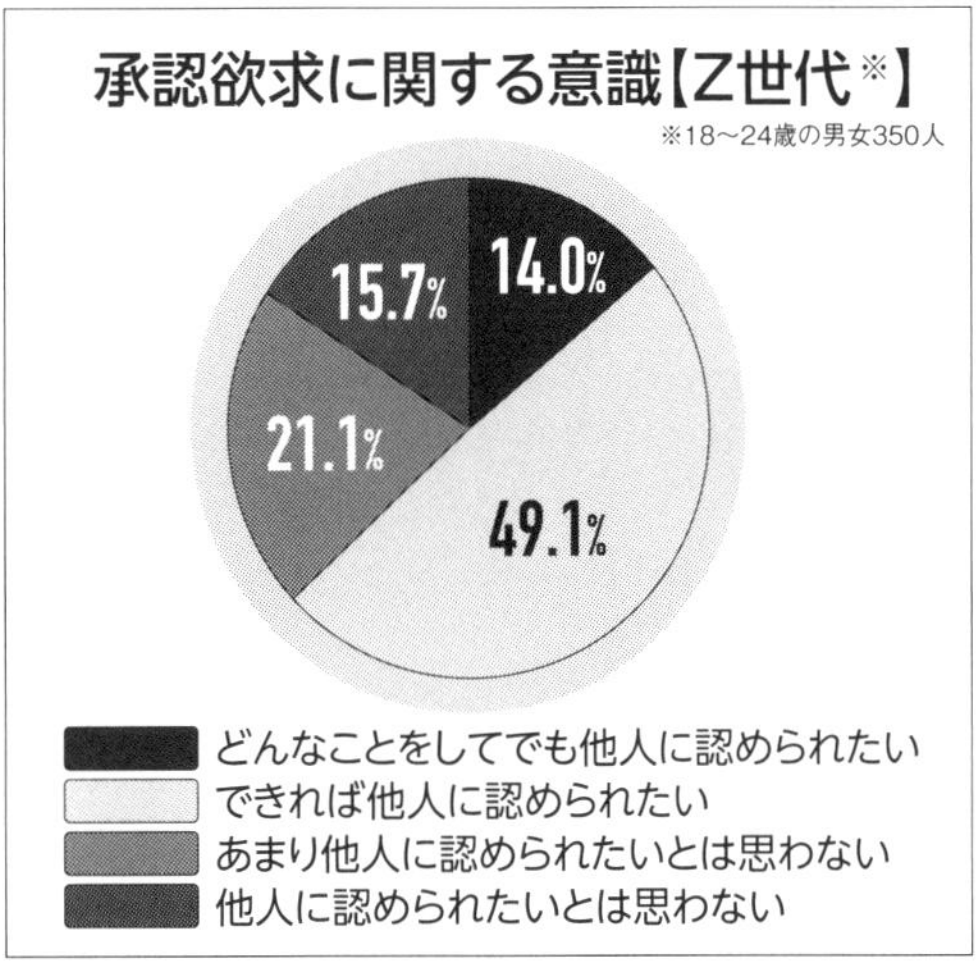

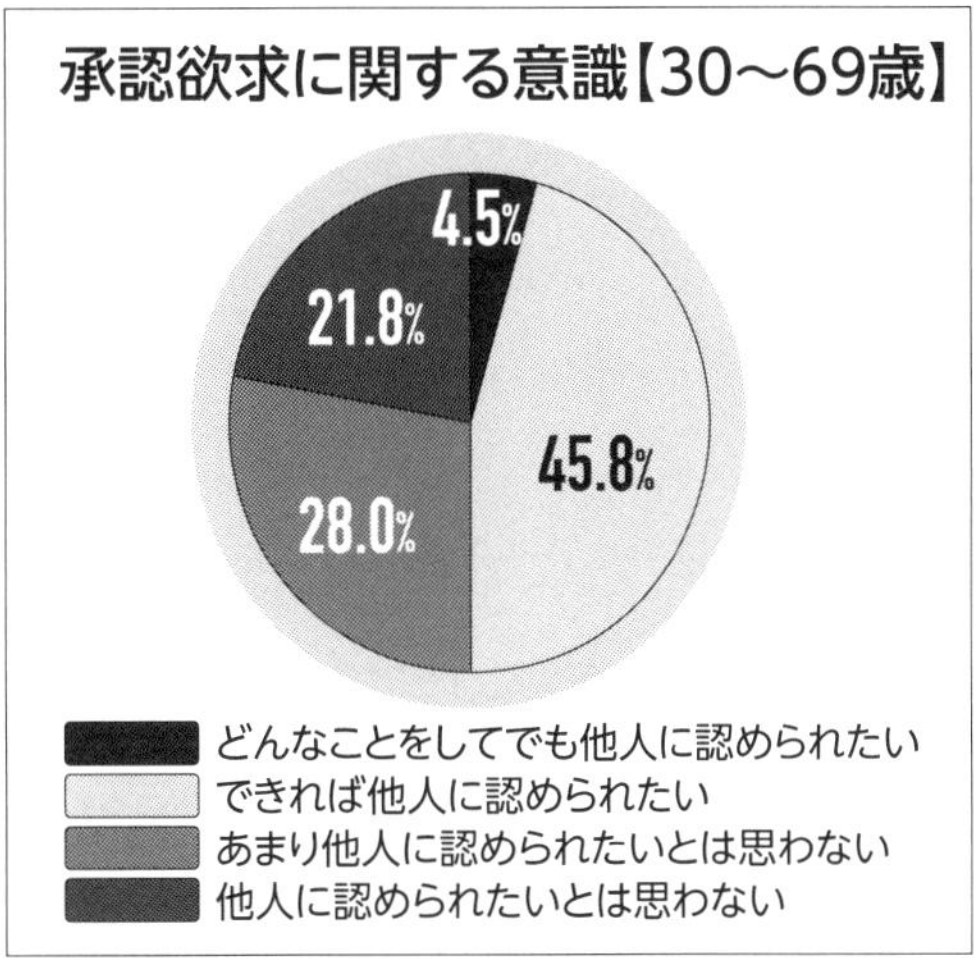

調査期間：2023/3/24〜3/28 BIGLOBE調べ

※「あしたメディア by BIGLOBE」調査

https://www.biglobe.co.jp/pressroom/info/2023/04/230424-2

まずは5分間、**スタッフの話を100%聞く**ことを試みてください。

ここでいう100%とは、自分の業務を一旦すべて止めて集中して聞くことです。

スタッフの話は特別なケースを除き、簡単な報告や質問であれば1〜2分程度で終わります。受け応えを含めても、トータル5分程度のやり取りで完了します。しっかり5分間聞くことができたら、少しずつ、時間を伸ばしていきましょう。朝、昼、夕方と5分を3回で、**1日に15分、話を聞くことだけに集中する時間を持つ**ことを目指してください。

人の脳はマルチタスクができない構造になっており、本来、別のことをしながら人の話を聞くことはできないとのこと。「ながら聞き」は、2つのことを同時にしているのではなく、脳の中で、それぞれの別のタスクをこなすために、高速でスイッチを切り替えているに過ぎません。これはとても効率が悪く、話を聞くときは集中し、その後に別のことをしたほうが、圧倒的にパフォーマンスが高くなります。

そうすればコミュニケーションがスムーズにいかない部下との関係にも変化が出てくるでしょう。

もし急を要する業務などで、どうしても話を聞けない場合は、無理に手を止める必要はありません。そのときは、今、話を聞くことができない理由を説明して、「30分後なら手が空くので、そのときに話をしてもらえる？」と伝えましょう。いつであれば、じっくり聞くことができるのかを伝えれば、相手は事情を理解してくれますし、その後に、お互いにストレスなく対話できます。

このように、きちんと話を聞くことを続けていけば、スタッフとの間に信頼関係が築かれていきます。

04 聞き上手になるための効果的なアクション

聞き上手になるには、まずは、しっかり頷いて、「聞いている」ことをリアクションで示します。反応が薄いと相手が不安になるからです。

表情にも意識を向けましょう。真剣に聞こうと思うと硬い表情になりがちですが、それでは、相手は話しづらさを感じてしまいます。柔らかい表情でいましょう。話をしやすい態度でいることも大切です。腕組み、足組みをしたり、頬杖を突いたり、高圧的に見えるような態度を取るのは厳禁です。特に、腕組みは防御壁を作り、「あなたの話は受け入れません」とサインを送っているると受け取られるので要注意です。

こちらが話すスピードや声のトーンは、相手に合わせることが基本です。ゆっくり話をする相手であれば、こちらもスピードを落とす。明るいトーンなら、元気に受け応えするということです。人は自分と共通点がある相手には、親近感を抱き、心をオープンにするので、安心して話せるようになります。

また、相手の話を正確に把握するために、**ある程度話を聞いたら要約して伝えて、間違って認識していないかどうか確認**してください。

ここで、話を「聞く」技術を磨くトレーニング法をご紹介しましょう。

話を聞いている自分の姿をスマートフォンで動画撮影し、客観的に観察します。

3人1組か2人組で行います。3人の場合は、ひとりがスマホで動画を撮影する役、2人目が話をする役、3人目は「聞き役」となります。

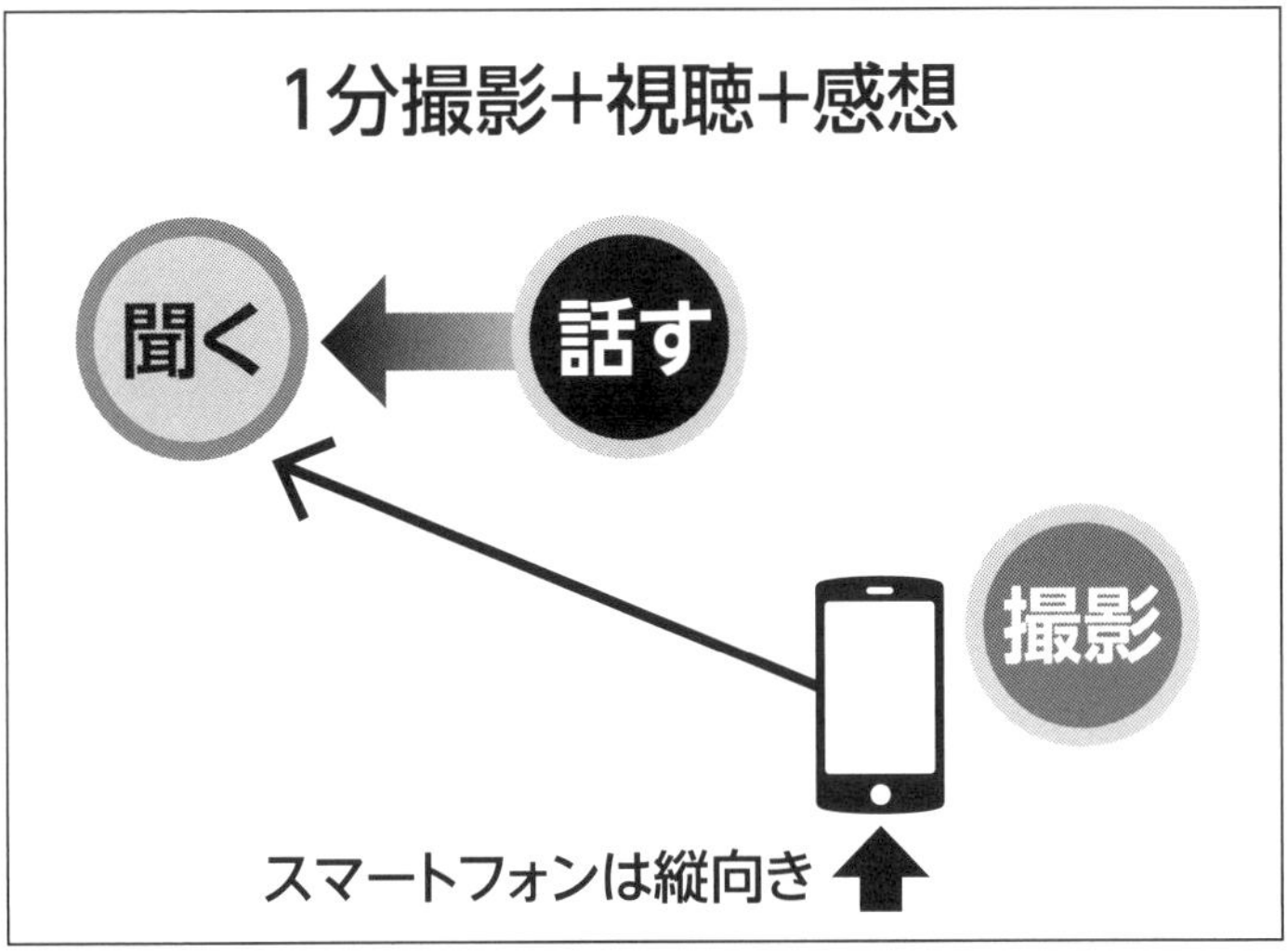

撮影する際は、聞き役の表情と全身が収まる場所でスマホを構えます。話し役には1分間、自由に話をしてもらい、それを動画に収めたら、全員で視聴し、感想を述べ合います。2人で行う場合は三脚を利用して撮影します。この工程を、役割を変えながら進めていきます。

話すテーマは、「最近見た映画やドラマ」「子ども時代のこと」など簡単なものにしましょう。聞き方を客観視してフィードバックを行うのが主題のトレーニングなので話し手は脇役です。

このトレーニング方法は筆者が、企業研修のプログラムのひとつとして行っているワークですが、自分の聞き姿を動画で見るのは初めてという方が大半です。参加者からは**「思っていたよりも硬い表情で聞いていることが理解できた」「リアクションがなく、聞いているのかどうかわかりづらい」**など、改善点を見つけることができたという声が多く寄せられています。自分では、聞き上手だと思っている人でも、意外とできていないことが多いことに気付けるでしょう。

話の聞き方ひとつで、相手から引き出せる情報量は大きく違ってきます。このワークを職場で実践すれば、全員の聞く力も養えるので一石二鳥です。

05 話を聞くときにやってはいけないNG行動

❶ 話を遮る

スタッフの話を遮り、自分の話をしてしまう上司がいますが、これは**NG**。話をしている途中で、割り込んでこられると、未完了感が残ってストレスを感じます。それが続けば、スタッフは上司との話を避けるようになります。

これは、相手の話に対して、「その考えは間違っている！」「何でこうしないんだろう？」と自分の考えが浮かび、その声が頭の中で聞こえてきて、スタッフの話が聞こえなくなってしまうことが原因。話をしっかり「聞く」には、頭の中での独り言のボリュームを「0」にしなければなりません。自分の話は脇に置いておきましょう。

自分の思いつきやアイデアを忘れずにスタッフに伝えようと思うほど、聞くことに集中できなくなります。そうならないために、スタッフの話の要点と一緒に、頭の中に浮かんできた自分の声をメモしておきます。メモがあれば、安心して聞くことに集中できます。

相手の話が終わったら、次に自分の話という具合に、キャッチボールの要領で会話してください。相手からのボール（言葉）を受け取らずに、一方的にボールを投げ続けていては、キャッチボールにはなりません。相手の言葉しっかりと受け止めて、その後に返答する順番を守りましょう。

❷ 長々と助言をする

部下からの相談にアドバイスをする際、「ああしろ」「こうしろ」と強い語気でバンバン言ってしまうのは逆効果。それは、アドバイスという名の指示をしているだけなので、部下はストレスを感じ、あなたに相談しようと思わなくなります。

助言をした後で、**「これはあくまでもアドバイスだから、やっても、やらなくても自由だからね」と言うのもNG。**それを聞いた部下は遠回しに強要されているように感じ、「やるしかないじゃない…」と思うだけです。素直に「このやり方でやってみれば？」と提案するほうがストレートで受け入れやすくなります。

相談に対して、答えや助言を求めていない部下もいます。話を聞いてほしいだけというケースです。**アドバイスは、必ず、部下に「アドバイスしようか？」と尋ねて、「YES」と答えた人にだけ助言**します。アドバイスが必要となった場合でも、昔話を織り交ぜた武勇伝を語るのは避け、アドバイスは手短かに伝えましょう。

なぜなら、武勇伝は、「あなた」がかつてうまくいったエピソードだからです。コロナ禍前の必勝パターンが、現在のフィールドでも通用するケースは稀です。アドバイスの伝え方としては「参考情報として聞いてほしい」と前置きをしてから話すようにしましょう。

Column

辞めたいと言われたときの対処法

「店長お話があるのですが…」

スタッフがこの言葉の後に話すのは、十中八九、退職のことです。私がセブン-イレブンのFC店を経営していた頃、このフレーズを聞くたびにため息をついていました。

スタッフが辞めやすい時期は、ゴールデンウィーク、お盆休み、年末年始などで連休を取った後です。地方から都心部に出てきている人であれば、実家に戻り、忙しい日々から解放され数日経った後に、また元の職場に戻って働こうという気持ちになれないことが原因です。

スタッフから「辞めたい…」と言われたら、どう対処すべきなのでしょうか?

退職すると腹が決まっている場合は、慰留しても引き止めることは難しいです。私にも経験がありますが、そういう人に延命措置を行ったとしても、モチベーションが低いまま働くことになるので、仕事のクオリティーが低下し、周りに悪い影響を与えてしまいます。

退職の話を切り出されたときの感触として、辞めるかどうか迷っているなとわかった場合のみ、そのスタッフに残ってほしいと強く慰留してください。その際、退職したいと考える原因や問題を取り除ければ、思いとどまらせることができることもあります。

セブン－イレブンのFC店を経営していたとき、学生バイトから、春以降は学校の授業が忙しくなるので辞めたいと、退職の意向を聞きました。彼は一生懸命働いてくれていたので、その思いをすぐに受け入れ、「勉強頑張って！」と送り出しました。

それから数週間後、近所のカラオケ店に行くと、オーダーしたドリンクを持ってきたスタッフが、なんと数週間前に退職したその学生だったのです。お互いに凍りつきました。後で調べたところ、そのカラオケ店の時給が50円ほど高く、彼の退職理由は時給でした。

退職理由を聞いたときに、「はい、わかりました」で終わらせずに、「他にも辞めたい原因があれば教えてほしい」と深堀りしましょう。最初は相手が沈黙しても、理由がある場合は少し待てば話してくれます。

しかしながら、「辞めたい」と言ってくるときは、相当な覚悟で話しにくるのが普通です。多くはそのまま退職となるでしょう。だからこそ、スタッフの話をしっかり聞く機会を作ってほしいのです。辞めたいと思わせる前に、退職する原因になることを早期に発見し、取り除くことができれば、スタッフは退職を考えなくてもよくなります。

15分 「質問力」を磨いてコミュニケーションの質を高める

01 質問の質がマネジメントを左右する!

先の章で、聞くことの大切さに触れました。若い世代のマネジメントにおいて、聞くことに費やす時間は、5〜15分程度でいいとも伝えました。短い時間で、スタッフのことをしっかり把握するには、「質問」の質を高めることが大切です。適切な質問をすると、スタッフは正しい答えを見つけることができます。**質問の質がマネジメントが機能するか否かを決めると言って過言なし**です。

飛行機を操縦するパイロットは、コクピットに数多くある計器をチェックし、機体の状況を常に把握しながら操縦桿を動かします。また、GPSシステムなどを利用することで正確に現在地を把握できます。それによって、道なき道である空路を迷わず、正確、かつ安全に目的地まで飛行することができるのです。

同様に、**現場を運営（操縦）する役割を担うリーダーは、現状を把握することが不可欠**です。スタッフの立場や状況を把握するには、まずただ、**「観察すること」**。観察である程度把握できますが、かといって表面的に見えないことまでは理解できません。

実は、リーダーとして本当に知っておくべきことには、外側からは見えにくい部分である場合が多いのです。感情を表に表さないタイプの人もいますから。

スタッフの現状をすべて把握するために次に必要なのが**「マネジメントに質問を取り入れる」**です。質問すれば、相手の状態や考えていることをより深く理解でき、見えていないことを含め、より多くの情報が得られます。

先の飛行機の話に戻りますが、パイロットが必要とするのは、**「今」の情報**です。入手するべく重要な情報のひとつは気象情報ですが、昨日の天気のことしかわからなければ、安全に飛行することはできません。

同様に、リーダーはスタッフの「現在」の情報を得る必要があります。自分の知っている過去の情報や、推測を元にマネジメントを行うのは危険です。天気と同様に、スタッフの置かれている立場や状況が急変するのはよくあること。スタッフに質問を投げかければ、彼、彼女たちの「今」をスピーディーに、そして正確に手に入れることができます。

02 質問すると人は成長する

何か問題が起こった際に、自分で解決策を見つけようともせず、第三者に答えを求める人が増えています。しかも、答えを得るまでのプロセスについては、興味を示さず、すぐに正解を知りたがります。これは、世の中全体の傾向でもありますが、ＴｉｋＴｏｋ、Ｉｎｓｔａｇｒａｍのリールなどの短尺動画を中心に見ている若い世代においては、より強く表れています。

本来、テレビドラマなら45分程度、映画なら2時間半から長ければ3時間、物語を見続けないと結末（答）がわからないものですが、若い世代の人たちは、よほど話題になったり、興味を惹かない限り、長編物には手を出しません。すぐに答えがわかるメディアに常日頃から慣れ親しんでいます。

それゆえ、作業中、少しでもわからないことがあれば、すぐに答えを求めに上司や先輩に指示を仰ぎます。入社したばかりで、研修中の場合はそれでいいとしても、教育が終了したスタッフが、受けた指示をこなすだけというスタンスでは、仕事の面白さを感じることもなく、いつまでたっても成長しません。

そうならないためには、リーダー自身がスタッフに対する関わり方を変えていくことが必要です。具体的に言えば、**「指示する」スタンスから、スタッフに「自分で考えさせる」ようにシフトチェンジ**するのです。

リーダーに「●●はどうすればいいでしょうか？」と尋ねてきた際に、「こうしなさい」と返すのではなく、**「あなたはどうすればいいと思う？」と質問で返します**。

リーダーが質問をすると、スタッフの脳はその答えを見つけようと、アンテナを伸ばして検索を始めます。

質問をされることに慣れていないうちは、「わからない」と言って、答えを自分で見つけることを途中で止めてしまいます。その場合は、**何がわからなくて、どこまでわかっているのか？**　を、丁寧に聞き、スタッフの頭の中を整理していきましょう。わからないことが明確になり、それをマスターすれば、自分で問題を解決できるようになります。

少し時間はかかりますが、自分で答えを見つけ出すトレーニングを繰り返せば、自走できる人材に成長します。

03　質問で「変化に対応できるスタッフ」を作る

ベストセラーの『２０３０年　すべてが「加速」する世界に備えよ』（ピーター・ディアマンディス、スティーブン・コトラー／ＮｅｗｓＰｉｃｋｓパブリッシング）によると、革新的な技術の融合によって、これから10年も経たない間に、世界の景色がさらに大きく塗り変わるとのこと。

変化が激しく、また、不確実なことが多い時代の中で、リーダーシップの在り方として、指示命令中心のトップダウンのスタイルでは、時代の変化のスピードに対応しきれません。なぜなら、リーダーは、自分の経験したこと、自分が持ち得る情報を使ってしか判断できず、指示もその範囲内からしか出せないからです。問題が複雑化する中で必要なのは、スタッフ一人ひとりが自分で考えて動ける力を備えることです。そうすることで、迅速に変化に対応することができます。

時代の流れが、トップギアで進行していく中、リーダーが行うべきことは、日々のマネジメントの中に**「質問」**を組み込み、スタッフの意見やアイデアを引き出し、それをチーム運営に活用すること。また、5年、10年先に、組織の中心となる若い世代を、変化に対応できる人材に育てるためにも、「質問」を投げかけて、自分で考える癖をつけるトレーニングをしていくことが不可欠です。

04 マネジメントでやってはいけない質問

NG質問1 誘導尋問

私が以前、アパレル専門店チェーンに勤務していたとき、会議の場で上司から、「●●の件について、私は▲▲▲と考えているが君たちはどう思うかね?」という、誘導尋問のような質問を投げかけられたことがありました。

上司がすでに決めていることに対して意見を求められたとしても、多くは「YES」としか答えられません。若い世代ならなおさらでしょう。別の考えをそういう場で言える人は、よほど図太い人か、揺るぎない持論を持っている人など稀にしかおらず、これでは質問をする意味がありません。

質問の目的は、相手に考える機会を与え、自ら答えを見つけ出すきっかけを作ることにあります。部下が意見を言える余地がなく、上司が同意を求めたいだけであれば、わざわざ誘導尋問のような質問をせず、ストレートに伝えたほうが潔くて好感を持たれます。

NG質問2　過去にフォーカスした質問

スタッフが過去と同じようなミスを繰り返したとき、頭ごなしに「なんで前に注意したことが改善できていないんだ？」と嫌味たっぷりに質問をするのはやめましょう。

英語の疑問符「Ｗｈｙ」を使うと相手に詰め寄る質問になりがちです。「なぜ、やらないの？」「なぜ、そんなことをしたの？」などのように、過去の出来事に対して詰め寄る質問をされると、相手は委縮します。場合によっては、パワハラだと指摘されかねません。

今はスマホですぐに必要な情報にアクセスできるため、パワハラについても、様々な知識を得て情報武装をしてくる人も中にはいます。

質問をする際に使う疑問詞によって、相手が受け取る印象は大きく変わります。疑問詞に**「Ｗｈｙ＝なぜ」ではなく、「Ｈｏｗ＝どのように」「Ｗｈａｔ＝なにが（を）」**を使えば、受け止めやすく答えやすい質問になります。質問で使う言葉の選び方ひとつで、スタッフのモチベーションは上がりもすれば、下がりもすることを覚えておいてください。

NG質問3 「わかりましたか?」

上司や先輩が業務の進め方について説明した後に、「わかった?」と質問すると、若い世代や社歴の浅いスタッフは、十分に理解していない場合でも、その場の空気に流され、「はい」と答えてしまいがちです。

一生懸命に説明してくれているのに、「わからない」と言うと、上司や先輩に悪い…と気を遣ったり、理解力がないと思われて評価が下がるのを避けたいと思うからです。

そのようなあやふやな状態で仕事をしてはミスが起こります。そうなると、上司は「教えたときにわかったと言っていたのに、なんで間違うのか…」とため息をつくことになるでしょう。

解決策は、どれくらい理解できたのかを確かめること。たとえば、**「今の説明で、何パーセント理解できましたか?」**と落ち着いた口調で質問し、仮に80%わかったと答えたとしたら、「20％のわからない箇所を具体的に教えてもらえる？」と尋ねます。理解できていないところを、再教育していけば、100％理解できるようになります。

05 答えやすい質問と環境の作り方

答えやすくする方法1 質問は1回にひとつが原則

あなたが誰かから、「次の休みにどこに行って、何を食べて、その後に何がしたい？」と質問されたとしたら、答えるのに躊躇しませんか？ このように、一度に2つ以上の質問をすると、相手は混乱して答えにくくなります。この場合は、2回に分けて順番に投げかけていくと答えやすくなります。

具体的には、「次の休みにどこに行きたい？」と最初の質問をして、相手が答えた後で、「そこで何が食べたい？」と2つ目の質問を投げかけるようにします。そして、「食事の後に何がしたい？」と順番に質問していけばいいのです。**質問は1文の中にひとつが原則**と覚えておきましょう。

答えやすくする方法2

範囲を絞って質問する

私はクライアント企業の経営者や上司の方々に、スタッフと個別ミーティングをすることを奨励しています。ただ、取り組みを始めたばかりの頃は「ミーティングをしても、スタッフからは何も問題がないと言われるので5分も持たない…」と聞かされることがしばしばあります。

これはミーティングの中での質問に原因があります。「何か困っていることはありますか？」「何か問題はありますか？」などと、漠然とした質問は避けましょう。このように、範囲を絞らずに質問をすると、相手は何について答えればいいのかがわらず、「何もありません」と言うしか術がなくなります。

この場合なら、「受付業務で困っていることはありますか？」、さらに絞り込んで「新規客の受付を行う際に困っていることはありますか？」と範囲を絞って質問すれば答えやすくなります。

答えやすくする方法3

すぐに答えを求めない

質問をした後、間髪入れずに答えを出せる人もいますが、そのタイミングですべての人が答えられるとは限りません。答えを出すまでに少し時間を要する場合もあり、しばらく沈黙が続くこともあります。

そのとき、質問をした側が「質問が悪かったのかな？」とか、「質問が理解できないのかな？」などと考えて、沈黙に耐え切れず、自分から話しを切り出したり、別の質問を投げるのはやめましょう。

質問をした後の沈黙の時間は、答えを見つけるために考えている場合が多く、その途中で話しかけられると集中が途切れてしまいます。質問をした直後は、しばらくそのまま、相手が答えるのを待ちましょう。もちろん、あまりに沈黙が続くようであれば、本当に答えられず困っているか、何も考えていないかのどちらかなので、その際は適切な対応を取ってください。

06 マネジメントで使える3つの質問

リーダーが質問を普段のマネジメントの中で自然に使えるようにするには、日々のトレーニングが欠かせません。

効果的な質問をするには、質問のレパートリーを増やすことが近道です。リーダーが現場をマネジメントする際に有効な質問を目的別に一覧表にまとめましたので参考にしてください。中でも効果的な質問は以下の3つです。

使える質問1 現状を把握する質問

何か問題が起こった際に現状把握を行うことは大切です。その際、**「現状を詳しく聞かせてください」**とストレートに聞きだすことが有効です。ただ、1問1答式で質問していくと表面的なことしか答えないので、本音の部分や詳細な情報を得ることができません。

そこで、答えの中で気になった項目について、**「もう少し詳しく聞かせてくれますか?」**と深掘りする質問を投げかけましょう。その後**「他には何がありますか?」**と広げる質問をすれば、現状をより詳しく把握することができます。

また、「残務はありますか?」「パソコンへの入力は終わりましたか?」という具合に、**YESかNOでしか答えることができない質問**を用いれば、チェックリストを用いたときのようにスピーディーに状況を把握できます。

使える質問2 「自ら考動する（考え・動く）スタッフ」に育てる質問

指示命令をしなくとも、自ら考え動くスタッフがいるとストレスフリーでマネジメントが行えるようになります。上司の指示を仰がなくとも行動できるスタッフに育てるには、**「何から始めますか?」「いつから始めますか?」**と、自ら判断することを促す質問が効果的です。

また、**「最優先は何ですか?」**と問いかけ続けることで、優先順位をつけて仕事をすることの大切さを理解できるようになります。「いつまでにできますか?」と問えば、常に締め切りを意識して行動するようになり、作業スピードが徐々にアップしていきます。

使える質問3 スタッフを成長させる質問

若い世代には、考えるよりも先に検索をして、答えを見つける習慣が身についている人が多いものです。ただ、SNSや検索エンジンで検索をしても、目の前の問題を解決するための答えが正しく表示されることは、まずないでしょう。ChatGPTも同じです。必要なのは、解決策を自分で考えること。そういうスタッフに育てるには、深く考えることを促す質問を常に投げかけて「考える癖」をつけることが有効です。

たとえば、何かを始める準備をする際は、「効率よく業務を進めるために何が必要ですか?」と質問すれば、自分で準備をするために必要なモノ、コト、ヒトをピックアップするようになります。

業務をスタートする際に、**「どうすればできますか？」**と質問すれば、自分の知識や経験してきたことをもとに、やり方を考えるようになります。仕事を進めている途中で、うまくいかないことがあったとして、それを乗り越えるやり方を考えさせる際は**「他にどんな方法が考えられますか？」**と尋ねれば、新しいやり方を見つけ出そうと考え始めます。

このような質問を常に投げかければ、スタッフは自然と成長していきます。

使える質問フレーズと目的

質問フレーズ	質問の目的
現状を詳しく聞かせてください	←現状把握
もう少し詳しく聞かせてくれますか？	←掘り下げる
以前と比べて何が違いますか？	←変化したことを知る
何が必要ですか？	←準備
どうすればできますか？	←やり方を探る
他に何がありますか？	←視野拡大
漏れはありませんか？	←ロス、ミス防止
何から始めますか？	←行動を決める
最優先は何ですか？	←優先順位を決める
いつから始めますか？	←背中を押す
いつまでにできますか？	←期限を決める

Column

今ドキの部下の褒め方・叱り方

若い世代の人材マネジメントを行ううえで、**「褒める」「叱る」**は重要なファクターです。しかしながら、この2つの要素について、得意であると胸を張って言える上司、経営者は少数派です。私のセミナーの参加者へアンケートを行った際に、不得意であると答えた人は実に9割を超えていました。

Z世代は、子どものときから「褒めて育てる教育」を受けてきました。そのため、褒められるのが当たり前という中で、学校では教師、家庭では親と接してきています。そうなると職場においても、褒められることを自然と期待するようになってしまいます。また、中には褒められないことに不満を抱く人もでてきます。

だからと言ってむやみに褒めることは避けるべきです。褒めることが苦手だと感じている人が無理に褒めたとしても、ご機嫌取りのようにとらえられてしまい逆効果です。褒めるには「基準」が必要で、その基準を満たしたときのみ褒めましょう。**褒めるときの基準は、上司、経営者、また、会社として望む「行動」と「結果」**です。それを、事前にスタッフに伝えておき、クリアしたときに褒めればいいのです。

褒めるところがないスタッフへの処方箋

しかしながら、褒めることができないスタッフも中にはいますよね。褒めてあげようと思って、彼、彼女の行動を観察していると、見れば見るほどお小言を言ってしまいそうになり、ますます褒められなくなります。

そういうときは、褒めるよりも手軽に行える**「承認」**をすればいいのです。承認とは、相手の存在自体を認めることで、褒めるよりも頻度多く行えます。

たとえば、任せた仕事にしっかり取り組んでいることに対して**「頑張っているね！」と伝える＝「労い」**。後輩スタッフのサポートをしっかり行っていることに対して**「ありがとう」と伝える＝「感謝」**。誕生日を迎えた日の朝に**「おめでとう！」とプレゼントを手渡す＝「祝う」**、もっと簡単なことであれば、朝方、出社してきたスタッフへ**「おはよう！」と伝える＝「挨拶」**も承認です。

頑張っているけれど、なかなか業績が上がらないときは、モチベーションが下がってしまいます。そういうときに、上司、経営者から、結果ではなく、一生懸命に仕事に取り組んでいることに対して、「努力してるね！」と言葉がけをされただけで、「承認された」と感じることができます。

「承認欲求」は人間の根源的な欲求です。承認欲求が満たされれば、自己肯定感が高まります。自己肯定感が高まれば、自信を持つことができ、仕事をすることへのモチベーションも自ずと高まります。現場で働くスタッフへは、頻度多く承認メッセージを投げかけていきましょう。

叱ることが苦手と感じている人への処方箋

今、「叱る」ことを不得意と感じる人が増えています。数年前から言われだしたパワハラにならないかと、言いたいことが言えずにストレスをためている上司、経営者は多いようです。

若い世代の人たちは、学校で教員や部活などでも、大声で怒鳴られたり、体罰を受けるなどの経験がほぼありません。家庭でも親から苦言を呈されることは少なくなっている中で、怒られ慣れていないのは事実です。

私の知るある講師が、Z世代を対象にした企業研修で遅刻してきた受講生に、少し大きな声を出して注意をしたら、フリーズしてしまい、その後の対応に困ったと聞きました。

しかしながら、苦言を呈さなければならないことがあるのに気を遣って避けていては、人材育成はできません。スタッフには気配りが必要ですが、気を遣いすぎることは不要です。

あなた自身、上司に叱られたことで気付きを得て、それにより成長できた経験をお持ちではないでしょうか。叱られることは若い世代の成長過程で必要だと私は考えます。もっとも、彼、彼女たちも叱られることを拒否しているわけではありません。理不尽な怒られ方をすることにNOと考えているだけです。

大事なのは、上司、経営者が正しい叱り方を知ることです。

叱るときのポイントはタイミングをずらさないこと。朝一番に苦言するとモチベーションが下がるだろうなと思ってスルーし、その後タイミングを逃し、翌日に苦言したとしてもスタッフとしてはピンときません。逆に「過ぎたことを持ち出して嫌味を言うなんて最低！」と思われてしまうかもしれません。

叱るタイミングは「今すぐその場で」です。もちろん、**叱るときは大勢の前ではなく1対1**が基本です。

もうひとつのポイントは、褒めるときと同様に基準を設けることです。自分（上司、経営者）の基準で叱るのはNGです。人は誰しも自分が正しいと思って行動しているので、部下と上司の「正しいこと」、「間違えていること」に対する基準が違えば、部下としては正しいことをしているのに叱られるので理不尽な思いを抱きます。

また、上司の基準はその日の気分に大きく左右されるので、日によって基準が異なる場合もあります。昨日は叱られなかったのに今日は叱られたとか、またAさんがやっても何も言われないが、自分がやると大目玉を食らったとなれば、叱られたことに対して、腹立たしく思うでしょう。


組織の中で物事の正否を判断する際は、個人の考えや、やり方を基準にしてはいけません。判断は企業理念と行動規範、そして、就業ルール、作業マニュアルの中に記されていることを基準にします。それらに載っていることから逸脱した行動、言動を取ったことに対して苦言すればブレがなくなり、納得性も高まります。

全員がそれらの判断基準を理解できるように、しっかり教育していくことが大切です。


スタッフに苦言する際は、メールやSNS（LINE）ではなく、できる限り、対面で直接話をして伝えるようにします。文章だけで苦言して、微妙なニュアンスが伝わらず、こちらが思っている以上にきつい言葉として伝わってしまえば、パワハラと指摘されかねません。

叱った後は、部下へのフォローも大切です。苦言したまま放置していると、心の距離がどんどん遠くなり関係性が悪くなります。そうならないためにも、フォローに関してはLINE、メール、チャットを使ってでも早目に行いましょう。もちろん、一番いいのは直接話をしてフォローすることです。

褒める、叱るテクニックを身につけるよりも大事なことは、普段から関係性を良好に保ち、「この人から褒められると嬉しい」「この人から叱られるのであれば納得できる」という上司、経営者になることです。

スタッフにとって、「どんな言葉で褒められる（叱られる）のか？」よりも、**「誰から褒められる（叱られる）のか？」が重要**だということです。ですので、スタッフからリスペクトされる存在になることが必要です。

そうなるためには、難しいことをする必要はなく、職場のルールを守る、有言実行でいるなど、当たり前のことを当たり前にできる人になることが第一歩です。加えて、自分の考えやビジョンをきちんと示し、リーダーシップが取れれば満点です。

15分

ミーティングで定着率を上げる

01 個別ミーティングに本気で取り組めば職場が変わる

ここまでお読みになり「部下の話を聞く時間を1日15分持つことの大切さや方法については理解したけれど、毎日そんな時間は取れない…」と思う方もいらっしゃるでしょう。そのような方はまず月に1~2回の個別ミーティングから始めてください。

個別ミーティングというと1時間ほど時間を作り、膝を突き合わせてじっくりやらなければと思うかもしれませんが、もっとカジュアルに実践することをおすすめします。

少し前に『ヤフーの1on1　部下を成長させるコミュニケーションの技法』（本間浩輔／ダイヤモンド社）がベストセラーとなりました。部下と1対1で対話する重要性が広く認識されたことで、一部の職場では個別ミーティングを導入する動きが見えました。しかし、お互いのスケジュールが合わなかったり、話が続かずに終わってしまうなど、実施のハードルが高いと感じている人が多く、本格的な導入に至っていないのが実情です。

以前、私が登壇するセミナーで、個別ミーティングの実施状況を調査したところ、参加企業の1割程度しか取り組んでいませんでした。

多くの上司、経営者が大切と思いながら、企業の現場に浸透しないのは、「他にもやることが山積みなのに、話をするだけに長い時間を割けない」と、上司も部下も思っていることが原因です。でも、個別ミーティングは長い時間を費やす必要はなく、**1カ月に1回、15分程度で十分**なのです。であれば、他の業務に支障をきたさずに実施できるとは思いませんか？ 個別ミーティングを継続的に行うメリットは多くあります。

メリット1 現場の状況が把握できる

スタッフに仕事を任せていると、直接現場を見る機会が減るので、小さな不具合やちょっとした変化に気づきにくくなります。ただ、その中には大きなクレームや問題に発展する小さな「種」が含まれていることが少なからずあります。個別ミーティングを定期的に実施していれば、スタッフから現状報告を常に受けることができるので、問題が大きくなる前に防げます。

また、スタッフは仕事をしていくうえで行き詰まったり、疑問を感じることをしばしば繰り返します。そういうときに、誰からも手を差し伸べられず放置されてしまうと、やる気が著しく低下してしまいます。仕事に慣れていない若い世代であればなおさらです。

個別ミーティングを定期的に行えば、スタッフがどんな悩みを抱えているのかが早期にわかるので、適切なタイミングでサポートできます。そうすれば、自分のことを気にかけてくれていると感じるので、**モチベーションの維持**につながります。大切に扱われていると感じれば、「ここで働き続けたい」と思えます。

メリット2　良好な人間関係が築ける

マネジメントを機能させるには、上司、経営者とスタッフの人間関係が良好であることが大前提となります。そのために、コミュニケーションの充実は必須です。スタッフに、「この人であれば、何を話しても大丈夫」と思わせることができれば、本音で話をしてくれるようになります。

本音で話し合うためには、個別ミーティングの中で、まず、あなた自身が自己開示を行うことが大切です。難しく考える必要はありません。

失敗談を話せば「上司でも過去にそんな失敗をしていたんだ」と思い安心できます。本題に入る前の雑談で、趣味やプライベートでの出来事を話題にすれば親近感を抱きます。若い世代の部下も、上司が今注目されているミュージシャンのファンであるとわかれば、それをきっかけに気持ちがグンと近づきます。それ以外にも、卒業した学校、部活動、飼っているペットなどを話題にするのも効果的です。

個別ミーティングだけではなく、普段から自己開示をしていけば、上司、経営者が雲の上の存在ではなく、心の距離が近くて、話がしやすい存在に変わります。結果としてコミュニケーションが充実し、いい人間関係が築けるようになります。

メリット3
あなたの思いがしっかり伝わる

複数のスタッフを一堂に集めて行う朝礼や全体会議の場で、こちらの思いをすべて伝えることは至難の業です。1対多数で伝えても、全員がしっかり受け止めてくれるとは限りません。私の経験ですが、3人のスタッフの前で話をすると、たいていひとりは、別の方向を見て聞いていないというのが常です。

対して1対1で行う個別ミーティングであれば、話をしている途中で、どこまで伝わったのかを確認しながら進めていけば、あなたの思いを確実に伝えることは比較的簡単です。ただし、ミーティングを行う際は、スタッフの話を聞くことが主ですので、上司、経営者の独演会にしてはいけません。

02 15分個別ミーティングの進め方

ミーティングの進め方1 準備

個別ミーティングは**「個別ミーティング準備シート」を活用すれば効率的に進められます。**ミーティングを始める前に、スタッフに「前回からの振り返り」「今抱えている問題、課題」「今日、話をしたいこと」などについて、開始の5~15分前にシートに書き出してきてもらいます。具体的な記入方法は次の項でご紹介します。

ミーティングはいつもの職場ではなく、落ち着いて話ができる場所を確保して実施してください。飲み物やお茶菓子などがあれば、リラックスして話せますので、ちょっとした気配りも忘れないようにしましょう。

個別ミーティングは、時間ができたら、手が空いたら行うというスタンスでいると、いつまでも実現できません。なぜなら、お互いに暇になることはまずないからです。1カ月以上前から、誰とどこで行うのかスケジュールを決めておきましょう。個別ミーティングをしている最中は、営業（接客）の手が止まるので、売上を作ることはできません。でも、個別ミーティングで、スタッフのモチベーションを高めることができれば、業績アップにつながります。スタッフの行動は「気持ちの在り方」により大きく左右されます。

ミーティングの進め方2 実施

最初の5分は、緊張を解くための軽い話題を中心に進めます。数日以内に現場で起こったエピソードや、世の中で注目されているスポーツの試合のことなどでいいでしょう。緊張が少し和らいでから、スタッフ自身の近況と前回から今日までの振り返りを行います。行動したこと、変化があったこと、気付きのあったことなどについて話してもらうことで、スタッフの普段の状況を把握できます。

心から耳を傾けて聞いていれば、いつもより元気がない、投げやりな感じを受ける、逆にとても楽しそうだなど、ちょっとした変化に気づけます。「今日は声のトーンがいつもより明るいね！」など、普段と違う点をフィードバックして掘り下げていきましょう。

次に「今気がかりになっていることはなんですか？」「今日は何をテーマに話しましょうか？」とシートに沿って質問しながら進行していきます。

抱えている問題や課題の解決策を見つける場合は、具体策をひとつに絞るのではなく、3つ以上アイデアを出すようにしてください。対策がひとつだけならば、それがうまくいかないと行動が止まります。でも、それ以外にも選択肢を用意しておけば、他のやり方を試すことができます。そこまで話を進めたら、最後に何を、いつから実行するのか明確にします。このとき、行動するまでと、結果を出すまでの期限を決めて宣言してもらえば、相手の行動が促進されます。

ミーティング終了の3分前になったら、ミーティングで気付いたことや決定事項、感想などを述べてもらい、次の予定を決めて終えます。

個別ミーティングの主役はスタッフであり、**上司、経営者は話を聞くが8割、話すが2**

割。よほど意識しなければ、この比率が逆になるので注意しましょう。

ミーティングの進め方3 注意点

スタッフから問題、課題に対して、適切な解決策が出てこないときもあります。上司、経営者としては、ミーティングの時間を延長してでも、なんとか解決策をひねり出そうと思いますが、おすすめできません。個別ミーティングの所要時間は最長30分までです。

時間内に終わりそうもないと思い、上司、経営者が「こうしなさい」と告げるのも厳禁です。スタッフは指示されたととらえるので、自分の思いとは違っていたとしても、取り組まざるを得なくなります。やらされ感を抱きながらでは、やる気がでないし、それが続けば、個別ミーティング自体を拒否するようになります。

15分でいいアイデアが出てこなければ、「宿題」としてスタッフに託し、ミーティングは終了。多くの場合は解決策を次の個別ミーティングのときまでに自力で探してきます。自ら見出したことですから、積極的に取り組むので成果も出やすくなります。

愚痴、不平、不満を言ってくるスタッフもいます。上司、経営者としては、あまり聞きたくないでしょうが、途中で遮ることをせず、すべて聞いて受け止めてください。話をするだけでガス抜きとなり、スッキリする場合もあります。

職場のすべてに満足している人は稀です。自分の意見を持っていて、現状がそれと乖離していることに対して、不服に感じているケースもあります。愚痴、不平、不満を言ってきたときに、**「現状を変えるための考えはありますか？」**と尋ねてみてください。いいアイデアであれば、それを実現するために協力してほしいと伝えましょう。自分の意見が採り上げられれば、モチベーションが高まります。

ミーティングの進め方4 実施後

個別ミーティングで決めたことをスタッフが実行しようとしない場合もあります。そのときは、「なぜやらないのか？」と詰め寄らず、進捗について「質問」するようにします。

必要であればその場で、**「行動を妨げていることは何ですか？」「何があれば前に進めますか？」**と訊いて、行動できない原因を見つけるためにショートミーティングをします。障害が取り除かれれば行動が促進されます。

スタッフから「日々の業務に追われて取り組む時間がない」と言われたならば、次回の個別ミーティングで時間を作りだすために業務の棚卸をしましょう。

若手人材に対しては、普段から空気を読むことが習慣になっていることを前提にしなければなりません。個別ミーティングでも、空気を読むことを意識して、本当はやりたくないことであっても「やります」と言ってしまう場合があります。個別ミーティングで、彼、彼女らの表情、態度、言動から、決めたことが本心ではないことが推測できたならば、本当にやりたいことか否かを、ストレートに尋ねてください。

多様性の時代におけるマネジメントは**個別対応が基本**です。一人ひとりにマッチしたマネジメントを行うために、個別ミーティングは要となります。

03「特にありません」と言わせない

個別ミーティングで、**「何か困っていることはないですか？」**と上司、経営者から質問されると、多くのスタッフは**「特にありません」**と答えます。問題や課題を抱えていても、すぐに悩みを打ち明けることはありません。理由は上司からの評価を下げたくないから。

これは「ストレスチェック」の結果が人事評価に影響するのではないかと思い、拒否する人が一定数いるのに似ています。ストレスチェックは結果を人事査定などへ流用しないようにルールが定められているので規定通り行われている場合は問題ありません。しかし、個別ミーティングには規定がないから不安に感じるのです。

個別ミーティングを始める際に大切なのは、スタッフとの間に、信頼関係を築くことです。「この人であれば何を話しても大丈夫」と思わせることが大前提です。

いきなり話をするのではなく、事前にスタッフに自分の考えていることを紙に書いてもらうのも効果的です。書き出すことで、自分の行動や思考を振り返ることができ、頭の中が整理されていきます。そうすると、ミーティングで話がしやすくなります。

振り返りを行うためのツールが**「個別ミーティング事前準備シート」**（p66-67）です。シートの最初の項目**「前回から今回までに起こしたアクション」**を記入していくことで、どのような経路をたどって、現在地に到達したのか、振り返ることができます。

経営者も企業に勤めている人も、往々にして前に進むことばかりに注力してしまいがちです。振り返らずに、走り続けていると息切れを起こしモチベーションが続かなくなります。ゴールまで一気に走り抜けると、エネルギーを使い果たして、場合によっては燃え尽き症候群になります。

現在地とゴールを把握できれば、あとどれくらい進めばいいのかも明確になります。

2つめの項目**「アクションで得られた結果」**には、うまくいかなかったこと。うまくいったことの両方を記入します。このとき、うまくいかなかったことに対して、うまくいったことを3倍多く記入してもらうことがポイントです。人はネガティブなことに気持ちが引きずられる傾向があり、ネガティブな感情とポジティブな感情が1対3以上の比率であれば、メンタルヘルスが正常に機能するのに、ちょうどいいバランスです。これはアメリカの心理学者、バーバラ・フレドリクソン氏の研究で明らかになっています。

3つめの項目**「今、気がかりになっていること」**を記入する際は、**「いつから気がかりなのか」「きっかけとなったこと」「気がかりなことが脳内で占める割合」「自分と周りへの影響」**などの小項目に分けて書き込むと、抱えている問題、課題を客観視できるようになり、メタ認知の能力が高まります。

アメリカの心理学者ジョン・H・フラベル氏が提唱した考えであるメタ認知が高まると、自分自身を少し離れた場所から観察し、広い視野で物事に取り組めるようになります。

最後の項目は、個別ミーティングで話したいことを自由に記入してもらいます。話せると言っても、なかなか話さないスタッフも、シートには意外と書いてくれるものです。

個別ミーティング準備シートについても、なぜ記入しなければならないのか理由をきちんと伝えてから活用するようにしてください。

1. 前回から今回までに起こしたアクションを記入していくことで、どのような経路をたどって、現在地に到達したのか、振り返ることができる。
振り返りを行えば、現在地が把握できるので、ゴールまでの距離がわかります。あとどれくらい進めばよいのかも明確になる。

2. アクションでで得られた結果には、うまくいかなかったこと。うまくいったことの両方を記入する。このときうまくいかなかったことに対して、うまくいったことを3倍多く記入してもらうことがポイント。

3. 今、気がかりになっていることを記入する際は、いつから気がかりなのか、きっかけとなったこと、気がかりなことが脳内で占める割合、自分と周りへの影響などの小項目に分けて書き込む。
抱えている問題、課題を客観視できるようになる。

CHECK!

右のQRコードから
『個別ミーティング事前準備シート』が
ダウンロードできます

個別ミーティング事前準備シート

名前　　　　　　　　　　　　　記入日　　　年　　　月　　　日

事前に、自分自身の現在地を明確にすると充実したミーティングを実施することができます。各項目をできるだけ具体的に記入しましょう。

1 前回から今回までに起こしたアクション

2 アクションで得られた結果

●うまくいかなかったこと

●うまくいったこと

3 今、気がかりになっていること（問題点など）

●いつから気がかりなのか

●きっかけとなったこと

●気がかりなことが脳内で占める割合

●自分と周りへの影響

4 今回のミーティングで話したいこと

04 新人はバディ・ミーティングで離職を防ぐ

入社したばかりの若い世代には、周りとのコミュニケーションに苦手意識を持っているスタッフもいます。このタイプを放置すると職場になじめずに孤立してしまいます。仕事が楽しいと思えないので、モチベーションが徐々に下がり、早期離職につながります。

防止するには上司、経営者だけではなく、既存のスタッフも、積極的に声かけを行うことが大切です。職場の制度としてのコミュニケーションが気軽に取れる仕組みの導入がおすすめです。

具体的には、新人ひとりに1~2人の先輩スタッフをサポート役に任命する**「バディ制度」**の導入です。バディ役には、入社5年目までの若手を任命します。新人と同世代なので、気持ちが通じ合う部分が大きく、いい人間関係が築きやすいです。

大手企業などで、同じような取り組みとして、**「メンター制度」**を導入しているケースがあります。メンター制度は、新人教育の進捗管理やメンタル部分のサポートまで行うことが求められますが、少人数で運営を行う職場であれば、先輩スタッフに負担がかかり過ぎてしまいます。ここでいう「バディ」制度は、もっとカジュアルな関わり方でサポートします。新人がひとりで仕事ができるようになるまでの期間、気軽に質問や相談ができる存在になるのが目的です。

上司や先輩社員は、新人から見ると営業中はとても忙しく見えます。実際、業務が立て込んでいるときは、表情が硬くなり「近寄らないでオーラ」を放っている人もいます。新人スタッフが、わからないことがあったり、つまずいていたりしても、眉間にしわが寄った険しい顔つきの上司、先輩には話しかけられません。そうなると疑問や不安を感じたまま仕事をするのでストレスを抱えてしまいます。

バディがいれば、新人も気兼ねなく悩みを相談でき、バディ役の先輩スタッフの声をかける頻度が上がれば新人がひとりで思い悩むこともなくなります。

バディと新人は、週に1回、15分程度時間を取り、個別ミーティングをします。入社したての時期は、もう少し頻度を上げて話をする機会を設けましょう。バディとの間で、交換ノートやＬＩＮＥグループを活用している職場もあります。

私が研修で関わっている企業では、バディとの個別ミーティングの中で、新人スタッフの悩みを聞きだし、会社として早期に解決策を立て離職を防げたケースが実際にあります。

バディ制度を導入する際の注意点は、バディ役のスタッフに負担がかかり過ぎないように計らうことです。新人の対応を丸投げせずに、上司、経営者が、バディ役のスタッフと定期的に個別ミーティングを行い、サポート体制を万全にしておきましょう。

また、バディ役以外の既存のスタッフにも、新人を育てる意識を持たせるため、研修を持ち回りで行うことなども検討してください。そうすれば、新人と既存のスタッフとのコミュニケーションを取る機会が増え、お互いの理解が深まります。安心して働ける職場になれば、離職や転職を考えようとは思わなくなります。

Part 2

adoption

adoption／採用

15分マネジメント成否は「採用」にあり

3年で辞めない人材を採る最強のリクルーティング

01 離職の原因は採用にあり！

春に採用したスタッフが秋には9割が辞めてしまった。そんな状況がもう何年も続いています。どうすればいいでしょうか…。

私のセミナーに参加した企業の人事担当者が、肩を落としながら悩みを打ち明けてきました。まえがきにも記しましたが、厚生労働省のデータによると就職後3年以内の離職率は高卒就職者で35・9%、大卒就職者は31・5%。従業員数が5人以上29人未満の事業所になると、高卒51・7%、大卒48・8%と、新規就職者の半数が辞めています。この数値は、多少の差はあるものの10年以上大きな変化はなく、今の若い世代だけが離職しやすいわけではありません。（※2）

人材の定着率の悪さは企業の大きな課題です。**なぜ、離職が止まらないのか？** 主な原因は「採用の在り方」です。

人手不足の状況が続く中、頭数合わせの採用が行われています。たとえば飲食店なら、作った料理を配膳してくれるだけでいいと思い、来るもの拒まずで採用してしまうのです。そのスタンスで採用をすると、笑顔で対応できなかったり、ぞんざいな態度で接客をしてクレームを受けたりするスタッフが職場に揃います。困るのは既存のスタッフであり、かつ、現場をマネジメントするリーダーです。

言葉を選ばずに言えば、**頭数が揃っても「できない人材」ばかりだと現場は混乱**します。ミスが多発し、尻拭いの手間と時間もかかります。正直言って、いないほうがスムーズに現場が回ります。

大企業はひとりの社員を採用するのに、何度も面接を重ねて人選します。一方、中小企業は、中途採用であれば正社員でも面接は1～2回で内定を出すことが多いでしょう。パート、アルバイトであれば、1回で終わるのが普通です。

採用面接の短い時間で、応募者が自社に適しているか否かを見抜ける面接担当者は、まずいないでしょう。

人をひとり雇用するには、1年で約490万円が必要です。（＊3）

もし同じ価格の商品を購入するとしたら、店に一度行っただけでは決めませんよね？事前にネットやSNSで様々な情報を調べたり、店舗に足しげく通ったりして吟味してから、買うか否かを決めるはずです。

物品と人はもちろん違いますが、大きな出費になることは同じ。大企業に比べて資金にゆとりがない中小企業は、もっと採用を慎重に行うべきです。**採用の在り方を変えることで、離職率を下げることは十分可能**なのです。

02 なぜ、あなたの会社に人が集まらないのか？
～クロスメディア・リクルーティングの導入～

「求人広告を出しても反応が弱い」「面接の応募者がほとんど集まらない」という声があ

ります。なぜ、求職者が集まらないのか？　答えは簡単です。あなたの会社が人材を募集していることが、求職者に知られていないからです。そういうと**「費用をかけて求人広告を出しているから、そんなはずはない」と反論**する人もいます。有料の求人広告は有効な手段ですが、ひとつの求人サービスに頼っているだけでは、求人していることを認知してもらうことはできません。

私はクライアント企業に、**「リクルーティングはマーケティングの手法をモデルにするとうまくいく」**と伝えています。どちらも「人を集める」ことを目的に行われる行為だからです。マーケティングは対象がお客様、リクルーティングは求職者の違いだけです。

企業が売り上げを作るには、お客様に商品やサービスを知ってもらう必要があります。そのために、大企業であればネット広告やテレビＣＭに費用を注ぎ込み、消費者に認知を高める努力をします。中小企業であれば、費用を大きくはかけられないため、無料のＳＮＳの投稿やＹｏｕＴｕｂｅ、ＴｉｋＴｏｋなどの動画サイトを利用して、ＰＲ活動に力を注ぎます。

マーケティングを行う際に、複数のメディアを使って、商品、サービスを宣伝することはごく一般的です。ですからリクルーティングでも同様に複数のメディアを使い、自社が求人していることを伝えます。これを**「クロスメディア・リクルーティング」**と呼んでいます。

たとえばハローワークは、無料で使える求人メディアの代表です。利用条件を満たしている企業であれば使わない手はありません。また**店舗なら店頭は認知を高めるための有効なメディア**としてとらえてください。ポスターやチラシを設置すれば、通行客に求人をしていることを広く伝えられます。

私がセブン-イレブンのFC店を経営していたときは、大通りに面したガラス窓に、求人ポスターを張り出していました。ポスター、チラシには必ずQRコードを記載し、詳しい求人情報にアクセスしやすくしておきます。レジ台の周りにも同様に求人情報を張り出します。店を利用してくれた人の中に、求職者がいる可能性は十分ありますから。

店舗のスタッフはお客様から採用するのがおすすめです。お気に入りの店で働くとなれば、自然と力が入ります。

歯科衛生士などの**専門職を採用する場合は、有料にはなりますが、業界に特化した求人サービスや人材紹介サービスを活用**すると効率よく人材を集めることができます。

ホームページに求人情報のページがあるのは必須です。誰もが求人広告を見て気になった企業について、応募する前に必ずホームページやSNSなどWEB情報をチェックしますから。その際、ホームページがないのは論外。もし求人情報のページがなければ、求職者の候補から外されてしまいます。

既存のスタッフから求職者を紹介してもらう「リファラル採用」も有効なルートのひとつです。紹介者にインセンティブを支払ったとしても、求人広告を出すよりもコストがかからず、一般の求人メディアから応募に来た人よりも素性が確かなため安心して採用できる点がメリットです。

一方、面接をした結果、採用基準に満たなくても、紹介者に気を遣って採用せざるを得ない場合もあるので、そこは慎重に行わなければなりません。

このように、複数のメディア、ルートを使って、あなたの会社が求人を行っていることを広く伝えていきます。

03 勝負は求人広告の内容にあり／エリアNo.1の好条件を提示

求人広告に、何を記入するのかで、反応は大きく異なります。

一般的な広告は、最上部にキャッチコピー＋リード文、募集職種、雇用形態、仕事内容、給与、勤務日（時間）、勤務地、資格・経験の有無、休日・休暇、待遇、備考、募集期間という項目があります。

特に重要なのは**「キャッチコピー＋リード文」と「仕事内容」、「備考」**。キャッチコピーは、求職者に興味を持たせることが役割です。スルーされないような気を引く言葉を選ばなければなりません。

たとえば、アパレル専門店のスタッフ募集で「販売員募集！　ファッションに興味がある方、大歓迎。」などのキャッチコピーを見かけることが多いのですが、アパレル専門店の求人に応募したいと思う人にとって、「ファッションに興味がある」のは当たり前です。これでは目にとまりません。

特に、**「やる気のある人募集」はNGワード**です。これから仕事を探す人は、十中八九、やる気のある人なので、わかり切っていることを書いても意味がありません。

「リード文」には求職者にとってのメリットを記入しましょう。「働くことで何が得られるのか？」「どんないいことがあるのか？」を記入すれば、興味を持ってもらえます。

具体例は以下です。「お客様から喜んでもらえる接客が学べます。ファッション感度の高いお客様と会話をすることで、あなた自身が楽しみながら仕事ができる職場です！」。

「仕事内容」は「販売・商品管理」と書かれていても、どんな仕事をするのか伝わりません。仕事内容の説明は詳しく書きましょう。品出し、店内清掃、レジ業務、ディスプレイ、お客様への対応（販売）、棚卸など、現場で行う業務について、できる限り伝えるようにしてください。求人広告を見て、簡単そうな仕事だと思って入社したのに、実際はハードワークだったとなれば「思っていたのと違う」という理由で早期に辞めてしまいます。

また、応募のハードルを下げるために、**しっかり教育することを説明し、求職者の不安を払拭**しましょう。たとえば、「先輩に教わりながら接客の基本を学んでいき、並行して品出しや、店内清掃、レジ業務を行っていただきます。仕事に慣れてきたらディスプレイやお客様への対応に挑戦していきます！」と説明すれば、入社したあと、自分が働く姿をイメージできます。

「備考欄（自由記入欄）」には、応募者が知りたい情報を掲載します。少しでも疑問や不安に思うことがあれば、スルーされてしまいます。

求職者が気になる項目は「どんな人と一緒に働くのか？（年齢や男女比率）」「職場の雰囲気」「残業や休日出勤の有無」「有給の取得率」、パート、アルバイトなら「休みやすいかどうか？」「シフト調整は柔軟に対応してもらえるのか？」などです。

どういう人材を求めているのか？　についても具体的に記入しましょう。

求人広告を出す前に、どんな人が必要なのか？　について考える時間を作りましょう。まずは、自社はどういう会社（店）なのかを言葉で表してください。そして、自社のスタッフとしての理想像を以下の質問に答えながら明確にしましょう。

・性格は？
・ライフスタイルは？
・職歴、学歴は？
・生きていくうえで大切にしていること（価値観）は？
・仕事観は？
・興味があることは？
・話し方は？
・容姿、雰囲気は？
・行動（立ち居振る舞い）は？

学習塾の講師募集のケースなら、「進学塾ではなく、勉強が苦手な学生が、なんとか人並みの点数が取れるようになりたいと思って通う塾」であれば、必要な講師は、勉強が超得意で、常に成績がトップクラスであったという経歴を持つ講師は不要です。もともと勉強が苦手だった人、成績の悪い生徒の気持ちがわかる人、粘り強く教えることができる人、生徒の成長が待てる人…が理想のスタッフ像となります。

そうして明確にした理想のスタッフ像を、求人広告に掲載していけば、「自分のことだ！」と思って、応募してくる人が増えます。

もっとも、学習塾の講師志望の人で、勉強が苦手だったという人は少数派でしょうから、応募者数は減ります。でも、自社にマッチしない人がどれだけ応募に来ても、採用には至りません。面接をする時間がお互いに無駄になります。極論を言えば、採用予定者が1名であれば、**理想の人材が1名、応募すればいい**のです。

04 広告の反応を上げるために絶対に伝えること

広告の反応を上げる方法1 給料・時給を高くする

求人サービスのサイトには、同じ業種の企業、店舗がずらりと並んでいます。どこで差別化をすればいいのでしょうか？

大事な項目は、給料、時給です。最低賃金が、じわじわと上昇していますが、私のおすすめは、地域で一番高い給料、時給にすることです。それができれば、苦労しないよ…と、本書を閉じないでくださいね。

もしアルバイトの時給を10円アップしたら、1日8時間勤務したとして、ひとり当たりの人件費は1日80円アップします。出勤が20日であれば、月に1600円です。常時10名スタッフがいたとしたら、16000円のアップとはなりますが、時給を上げたことで、人が辞めなくなれば、求人にかかるコストが不要になります。教育コストも下がります。人件費については、時給や給料だけではなく、**求人、教育のコストも含めて考えていくことが大切**です。

私がかつて経営していたセブン-イレブンのFC店では、出店エリア内の同業種の中で、**最も時給を高く設定し、求人広告でPR**しました。すると求人して応募に来る人の「質」が一気に上がりました。スタッフの能力が高いと業務がスムーズに行えるので、マネジメントが楽になりました。

また、スタッフは、給料や時給が高い、店で働いているというイメージを持っているので、わざわざ時給の低い他の企業に移る理由がなくなります。離職も一気に減りました。その後は、求人にかけるコスト、新人教育にかける手間と費用が激減しました。

広告の反応を上げる方法2

モデルケースを記載する

パート、アルバイトの募集については、時給だけではなく、1カ月の収入のモデルケースを掲載します。**「週に3日、1日3時間のシフトで1カ月に●●●●●円稼げます」**と広告に記入すると、1カ月にどれくらい収入が増えるのかが把握できます。具体的な金額がわかれば、何が買えるのか？　どれくらい貯蓄できるのか？　がわかるので、働いた後に生活がどのように変わるのかがイメージできます。

また、1週間の勤務モデルケースの紹介も効果的です。たとえば大学生なら、月曜日はAM9時~PM2時まで学校、PM5時までプライベート、PM9時までバイト、PM10

時に帰宅、火曜日は…という具合に、パッと見て、1週間のスケジュールがわかる図をホームページに掲載して、学校とバイト、プライベートがどのようにバランスが取れるのか示します。**「これなら私も働ける」と思わせることが大切**です。

広告の反応を上げる方法3
「成長できる」と伝える

先にご紹介した求人広告のリード文、備考欄に、企業や経営者からのメッセージとして、「働くことで、どのように成長できるのか？」についてしっかり伝えていきます。

人は仕事を通じて成長したいと思っています。これは、正社員、パート、アルバイトでも同じです。ある飲食チェーンがパート、アルバイトスタッフの退職者に対して、退職理由を尋ねるアンケートを行った結果、第1位は「何も教えてくれなかったから」でした。

本当はしっかり仕事を覚えて成長したかったのに、教育をしてくれないことに不満を抱いたから退職となったのです。

また、本書の読者の中には、転職の経験がある方もいるかと思います。前職の会社を辞めた理由は様々でしょうが、いくつかある理由の中で、今の会社にいても、これ以上の成長が見込めないと思ったことが要因という方は、けっこう多いのではないでしょうか？

私自身が、アパレル専門店チェーンを退職した理由は、まさに「成長できない」ことの不満でした。

求人広告には、キャリアプランを明記して、どのような教育プログラムが用意されているのかについて記載してください。その広告に加えて、さらに詳しい情報をホームページの求人ページに記載しましょう。

広告の反応を上げる方法4

若い世代に響くメッセージを

企業としてのミッション、ビジョンをしっかり伝えることも大切です。ミッションは「使命」と訳すことができます。ビジョンとは、「どうなりたいのか？」と質問されたときの答えとなることで、「将来像」「ゴール」と言い換えることもできます。

ソニーグループはビジョンの他に、「パーパス～Ｐｕｒｐｏｓｅ～」として、「クリエイティビティとテクノロジーの力で、世界を感動で満たす」と記しています。

パーパスとは、社会貢献、持続可能な社会の実現などを含み、企業や個人がどうなりたいのか？　ではなく、**「どんな社会を作りたいのか？」**という立脚点から、企業の存在意義や価値を表すものです。

若い世代の経営者を中心に「パーパス」を掲げて組織を運営する企業が増えています。ビジョンやパーパスは、その言葉を聞いたスタッフや関係する人々が共感し、ワクワクするものでなければなりません。

なぜなら、それは企業が目指すゴールであり、そこへ到達すれば素晴らしい未来が待ち受けていると思えなければ、誰も目指そうとはしないからです。ワクワクできれば、スタッフの心が動きます。モチベーションが高まり、ゴールに向かって勝手に動き出します。

特に、**若い世代は「パーパス」に注目**しています。40代～バブル世代以上の世代は物事を見る軸が「自分」である場合がほとんどで、企業も、自社とその周りに介在するステイクホルダーに利益をもたらすことをミッションに掲げているケースが大半です。

一方、若い世代は、もっと広い視野を持ち、世の中全体（地球）がいい方向に進んでいくことを望んでいます。若い世代が、そういう感覚を持っていることを理解したうえで、メッセージを広告、もしくは、ホームページで伝えていくのです。

05 応募者からの問い合わせには迅速な対応を

Z世代を含む若手人材は引手あまたです。働く場所はいくらでもあります。そういう意識を持っているので、採用面接の問い合わせをして、その対応がスムーズでなければ他社へ流れてしまいます。

応募者からの問い合わせには、できる限り早く対応することが必要です。まずは、問合せや面接の応募が届いているかどうか、1日に数回、時間を決めて確認することは欠かせません。

求人広告を出す場合は、問い合わせがくる期間を全スタッフに伝えておきます。応募者の多くはWEBで問い合わせや面接を申し込みますが、一部は電話をかけてきたり、店舗であれば、来店するケースもあります。

応募者からの問い合わせには、全員が対応できるようにしておきましょう。現場でよく起こるミスとしては、責任者が不在なのでよくわからないと伝えて、連絡先を聞かずに帰したり、電話を切ってしまうケースです。私自身、残念な思いをした経験があります。

同じ過ちを繰り返さないために、いつでも誰でも正確に受付できる『求人応募者・問い合わせ受付シート』（次ページ）を活用したことで、この手のミスはなくなりました。

昼休憩など職場にいる人の数が手薄になったり、忙しくて対応ができない時間帯に問い合わせの電話がかかってきても、十分な対応ができません。求人広告に、問い合わせが可能な**時間を掲載**しておけば、対応の不備によって、応募者を逃してしまうことはなくなります。

求人応募者・問い合わせ受付シート

受付日時　　　　年　　月　　日（　）AM・PM　：

記入者　（　　　　　　　　　　）

応募者氏名
※フルネーム・読み仮名も記入

電話がつながりやすい時間帯　AM・PM　時〜　時頃

通勤にかかる時間

徒歩・自転車・バイク・自動車・電車・バス　合計（　　）分

属性　学生・主婦・フリーター・ダブルワーク希望者

応募のきっかけ（求人していることを何で知ったのか？）

・求人誌（誌名：　　　　　　　　　　）

・WEB（サイト名

・チラシ・店頭ポスター・折込

・紹介（紹介者名：　　　　　　　　　）

・その他

希望の出勤曜日・時間帯

希望の出勤日数（週に何日働きたいのか？）

【上記以外に聞き出すこと、及び、伝えておくこと】

【電話の印象】話し方→ハキハキ・普通・おっとり・不快

※その他、気づいたことを記入

CHECK!

右のQRコードから
『求人応募者・問い合わせ受付シート』が
ダウンロードできます

06 リクルーティング3・0の導入

その昔、求人広告の出稿や、ハローワークの登録だけで、スムーズに採用できた時代がありました。この頃の採用手法を、私は**リクルーティング1・0**と位置付けています。その後、人手不足の状況が激化し、大手企業を中心に、休日数を増やすなど福利厚生面で差別化を図る企業が続出しました。各社、コストをかけて大々的にPR。中には就職フェアの会場で「入社式をハワイで開催!」と書いたプラカードを掲げて、求職者の目を引こうとする企業もありました。

力技で人材確保をする採用方法を**リクルーティング2・0**と呼んでいますが、中小、零細企業には向かない手法です。

おすすめは、時代と各企業が置かれている状況にマッチしたツールを活用する**「リクルーティング3・0」**と呼ぶ採用戦略の導入。活用するツールは**「動画」「SNS」**、キーワードは**「共感」**です。

❶ 動画戦略

若い世代は動画で情報を取るのが当たり前ですが、長い尺の動画は、タイパ（タイムパフォーマンス）を重視する世代には不向きです。ドラマや映画を倍速で見るのが普通の彼らは、視聴を始めてから、できるだけ早く結論が知りたいのです。

おすすめは、**短尺動画**。理想は15秒から30秒ですが、企業や経営者の思いを伝える場合は3分を目途に、大切なことに絞って伝えるようにしてください。動画はあくまでも、興味を持ってもらうためのツールと位置付けます。

動画のクオリティーはスマートフォンで簡単に撮影したものではなく、きちんと編集をしたものに。かといって凝った作りにはする必要はありません。大企業のプロモーションビデオのような格好のいい動画では興味を持ってもらえません。経営者や現場のマネージャー、既存のスタッフが等身大で、各自の思いを語りかけてくる内容にしましょう。

作成した動画は、ホームページのトップページと求人ページに掲載します。加えて、Y

ｏｕＴｕｂｅなどの動画掲載サイト、ＳＮＳにも掲載します。

特に店舗であれば、店をハッシュタグ（＃）検索をする際に、一緒に見つけられる可能性があります。若い世代のアルバイト募集には、短尺動画の活用は必須。ＴｉｃＴｏｋやＩｎｓｔａｇｒａｍのリールで、モデルになる動画をチェックしてみてください。

❷ SNS活用

ＳＮＳも求人メディアととらえましょう。ただし求人情報をダイレクトに流すというよりは、普段のスタッフの働きぶりや職場の雰囲気を伝えることを主とした投稿にします。投稿を見た求職者が、安心して応募できるようにするのが目的です。

私のクライアントでスイーツショップを経営している会社では、Ｉｎｓｔａｇｒａｍの投稿がきっかけで他府県から応募があり、社員の採用に至りました。

求職者は、求人広告で気になった会社や店のＳＮＳを必ずチェックします。ＳＮＳを見て、これは違うなと思ったら、すぐにスワイプして、他の企業のページに移ってしまいます。もし自分に合っているなと思ったら、ホームページのリンクをタップします。

注意する点がひとつ。ホームページの上部に文字がびっちり詰まっていると、読んでくれません。まずは短い動画で心をつかみ、そこで興味を惹ければ、文字情報もしっかり読んでくれます。

情報をしっかりインプットして、慎重に企業を選ぶという若い世代の特性を理解したうえで、求人戦略を考えましょう。

③ 価値観のすり合わせが何より大事

人材の定着率を上げるには、採用前の段階で**「価値観」のすり合わせ**が大切です。採用後、すぐに辞めてしまうスタッフは、企業と自身の価値観がマッチしていないことに、仕事をし始めてから気づいた人たちだからです。

話はそれますが、夫婦は価値観が合うかどうかが一番大切と私は考えます。もともとは他人同士なので、性格や好きな食べ物が違ってもいいのですが、価値観が違うと、お互いにストレスを抱えることになります。たとえば、笑いのツボが同じとか、映画を見て、同じように感動したり、逆につまらないと感じたりするとか、食事をしているときに「美味しいね」と言いながら食べるなど…些細なことではありますが、そういうことが一致していると関係性をうまく保てます。これは、スタッフと企業も同じです。

私が経営していたセブン－イレブンのＦＣ店では「丁寧、親切な接客」を大切にしていました。レジ清算のときにお辞儀をして挨拶をする、杖を突いた人や車いすを利用している方がいれば、出入り口のドアを開けるなど、細かな気遣いができる店を目指していました。

採用面接の質問で、入店したときの印象について語ってもらうのですが、接客について、一言も言及しない応募者は、私たちの取り組みに気が付いていない、もしくは興味がない人です。このような人は、価値観が違うので採用しませんでした。

店舗でなければ、力を入れて取り組んでいることがわかりにくい場合もあるでしょう。

そのときは、ホームページやSNSで、取り組みについて紹介していきます。**採用時の価値観のすり合わせは超重要**です。

❹ 副業解禁で若い世代が集まる、続く！

ひとつの企業に勤めたら、そこの仕事に専念するのが当たり前の時代は終わりました。退勤後や休日に、他の仕事をして収入を得る人が増えつつあります。今話題の「NFT」を活用したり、オークションサイトを利用すれば、比較的簡単に本業以外の収入が得られます。

私の周りでも、地方自治体に勤めながら職場に申請をし、自分の趣味を活かして副収入を得る友人がいます。公務員でも副業が認められる時代です。

経団連が2022年に行った調査（※4）では、回答企業の53・1％が社員の副業・兼業を認めています。「認める予定」を加えると70・6％に上ります。

また、政府も副業や兼業が促進されるように後押ししています。厚生労働省が公開している「モデル就業規則（※5）」から、「許可なく他の会社等の業務に従事しないこと」という項目を削除し、令和2年にさらに改定し、現在は副業、兼業（＊6）ありきの内容に変更されました。

時代の流れが、副業解禁に動いていく中で社会人になった若い世代にとって、「副業」は特別なことではないのです。

「働き方の自由度」が会社を選ぶ際の決め手のひとつになっています。今後は副業が認められない企業は、就職先の候補から外されてしまうと言って過言なしです。

逆に副業を承認している企業であることを、求人を行う際にうたえば、多様な働き方を受け入れる企業であると求職者から認知されるので、応募者が増えます。

ただ、転職もままならない時代に生きてきた上司世代にとって、副業は未知なるものでしょう。副業や兼業を始めると本業がおろそかになってしまうのではないかとか、企業秘密など情報漏洩を懸念されるかもしれませんが、副業に関するルールを作り、それをスタッフに周知徹底すれば防げることです。

まずは、「副業は怖くない」ととらえることが大切です。避けたいのは、副業が忙しくなりすぎて、十分な睡眠や休息が取れなくなり、体調を崩したりして、本業の業務に支障がでることです。

また、2つの事業所で勤務する場合、1日8時間、週40時間を超えて働く場合、本来は時間外労働となるので、割増賃金を支払わなければなりません。会社に黙ってこっそり副業をされると、管理ができません。**スタッフの副業の状況を把握することが必要**です。

スタッフが副業として他社で働く場合の他に、自分で事業を起こすこともあります。初めは規模が小さいかもしれませんが「経営者」になるわけです。経営者になると、視野が広くなり、世の中の動きを敏感に察して、次の一手を考えていく能力が徐々に備わります。また、副業をすれば、社外の人材と触れ合う機会が増えます。社内にいるだけでは、知ることができない考え方や情報を得ることができます。結果として、スタッフが成長するので、本業にもいい影響が出ます。

経営者としての視点が備わったスタッフを部下に持つことになるのですからマネジメン

トを行う立場の上司、経営者は、それを上回るスピードで自分も成長しなければ「できない上司（経営者）」のレッテルを張られてしまいます。そのことをリスクととらえるのではなく、全体がレベルアップできるチャンスとしてとらえると、企業としてステージを上げることができます。**経営者や上司としての器が問われる**と言っても過言ではありません。

5 副業解禁は人材確保の救世主となる

労働人口の減少により、人手不足に陥っている職場は多数あります。数カ月前の話ですが、駅前の店で「スタッフが揃わないので臨時休業」と書かれた張り紙をしている店舗がありました。人手不足が深刻さを増していることがわかります。

副業で働きたい人を取り込むことができれば、人手不足から脱することができます。

私が知る飲食店では、日本酒のことが学びたいという理由で、平日の夜と週末だけ出勤するパラレルワーカーを雇っています。日本酒の知識が豊富なのでお客様からの評判もよく、戦力になっています。

賃金アップの必要性が叫ばれ、賃上げ機運が高まっています。ただし、多くの企業にとってすぐに賃金アップを実現するのは難しいことです。一方、毎月の給料の手取り額が伸び悩み、経済的な不安を抱える人が多いことも事実。

私が知るセレクトショップの男性店員は、子どもが生まれたのを機に他業種へ転職しました。理由は共働きができなくなり、収入が減るのを避けるためです。店のこと、商品のことが大好きだけれど辞めざるを得ない状況になったのです。優秀な人材が抜けてしまうことは企業として大損失です。

副業を解禁すれば、社員は複数の企業から、もしくは事業主として収入を得ることができます。

自社で賃金を大きく向上させることが難しくても、社員の収入を実質アップさせることが可能となります。

そうすると、経済的な安定を担保できるので、先の店員のような退職を防げます。

Column

バイトテロ予備軍を撃退する方法

バイトテロは企業の経営を揺るがす大問題です。数年前に大手コンビニチェーンの店舗でのアルバイトの愚行がSNSで拡散され、大きな社会問題となりました。店によっては閉店にまで追い込まれたケースもあります。その後も、カレー専門店、ピザ宅配専門店、飲食チェーンでバイトテロは繰り返されています。特に回転寿司チェーンでのバイトテロの動画は大きなインパクトを与えました。

バイトテロを生まないための防止策は大きく2つ

ひとつ目は、**バイトテロに関する教育をする**こと。ネットを正しく利用するためのリテラシー教育は学校でも定期的に行われていますが、店舗においても、バイトテロをすると、どれほどの損失が生まれるのかについて、新人研修のカリキュラムとして導入することをおすすめします。

具体的には、バイトテロが明るみに出れば企業側はもちろんのこと、加害者側も大きな痛手を被ることになります。加害者の多くは若い世代です。実際に逮捕者が出たケースもありますし、民事や刑事事件に発展し、書類送検されることも。そうなると、懲役または罰金が科せられる場合があり、将来にわたり大きな影響が出てきます。学生であれば、公務員や大企業への就職は絶望的です。

今は個人情報がすぐに暴かれ、ネット上に公開される時代。自宅の住所や通学している学校名も公表されるでしょう。現在の居住エリアでは生活しにくくなります。当然、家族にも悪影響が及びます。そういったことを、既存のスタッフについても、定期的に教育をしていくことが必要です。

ただ、教育をしたからといってもバイトテロは「0」にはなりません。被害にあった多くは大手チェーンの店舗です。防止のために、すでに教育がなされていたはずです。

バイトテロには、必ず複数の従業員が関わっています。実行者の周りに複数の従業員がいて、ニタニタしながら、その光景を見ているのでしょう。**バイトテロが発生するのは群集心理**によります。複数になると「個」としての責任感、倫理観が薄れ、平気で社会通念に反することもできてしまうのです。教育だけでは防ぎきれない所以がここにあります。誰もが加害者になり得る予備軍であると言ってもいいでしょう。

バイトテロ防止の最短コースは、「スタッフとの人間関係を良好に保つこと」。そのためにコミュニケーションをしっかり取ることが必要です。

シフトの関係で顔を合わす機会が少ないスタッフにも、グループＬＩＮＥなどを利用してコミュニケーションを取りましょう。私がセブン‐イレブンのＦＣ店を経営していたときには、少なくとも２週に１回は全スタッフとしっかり話す時間を作っていました。

また、店主がスタッフのことを、単なる「労働力」としてしかとらえていない場合は、良好な人間関係は築けませんし、信頼関係も生まれません。そうすると、店主が不在時は真面目に仕事をしなくなります。ピーク時間以外は手持ち無沙汰になり、誰かが悪ふざけを始めると、一気にバイトテロが発生する空気になってしまうのです。

経営者や上司がスタッフを大切なビジネスパートナーとして位置付け、それを伝えられれば、スタッフの働く姿勢が変わってきます。**バイトテロとは無縁の職場**になります。

すぐに辞めない人を「見抜く」採用面接

01 採用面接は準備で8割決まる

あなたは採用面接を行う前にどんな準備をしていますか？

応募者の履歴書にさっと眼を通すくらいで、ほとんど何も準備していない…そう答える方が大半でしょう。採用面接は準備で8割が決まります。優秀な人材を採用するには事前準備は欠かせません。では何をどのように準備すればいいのでしょうか？

採用面接の準備1 採用基準リストを準備する

採用基準が明文化され、面接担当者に共有されている企業は全体の2割以下です。採用面接の現場では、明確な基準がないまま採用の合否が決められています。あえて言うなら、面接官の「勘」と「気分（フィーリング）」が採用基準です。気分は日によって変わりますし、面接官によっても異なります。

準備の第一歩は**採用基準を決める**ことです。「ここだけは譲れない」という点をピックアップして、チェックリストを作成しましょう。

接客サービス業であれば、目を見て話すことができないと、感じの悪いスタッフと思われます。この場合の、譲れない項目は「相手の目を見て話ができる人」となります。また、「ハキハキ・元気に話すことができること」も大切なので、採用基準の項目になります。

このように、現場で働くスタッフとして備えておくべき要素をあげて、チェックリストの項目にします。

項目ごとに5段階で評価できるようにチェック欄を作ります。リストを手元に置きながら採用面接を行い、評価した点数の合計を出せば、応募者が採用するに値する人か否か、客観的判断ができます。

採用面接の準備2

質問リストを準備する

採用面接の場で行う質問は場当り的に行わず、事前に準備をしておきます。10個以上の質問をあらかじめ用意し、すべての応募者に質問を投げかけていきます。複数の応募者に同じ質問をすることで、容易に比較できます。採用面接での質問例を一覧表にまとめましたので参考にしてください。【表1】

質問リスト以外にも、就業ルール、給与規定、福利厚生などの重要事項について、漏れがないように、伝えるべきことを一覧表（採用面接シート【表2】）にして、チェックしながら説明するようにしましょう。

【表1】

主な質問例と意図

質問例	質問の意図
これまでに仕事やプライベートでうまくいったこと／失敗したことが、それぞれ人生にどう役立っていますか?	←過去の経験を次に活かせるタイプか否かがわかる
ピンチを切り抜けたエピソードがあれば教えてください?	←ネガティブなことが起こっても、気持ちを直ぐに切り替えることができるタイプか否かがわかる
これまでに全力で取り組んできたことは何ですか?	←ひとつのことに集中して力を出しきれる人物か? がわかる
なぜ当社(店)に応募したのですか?(きっかけは? 他と比較したか? 決め手は?)	←仕事に対して関心事や価値観がわかる
周りの人への「気遣い」を心がけていますか? エピソードがあれば教えてください	←協調性の有無、「気遣い」ができる人物か否かがわかる

【表2】

採用面接シート

採用面接日

志望者名　　　　　　　　　　　　　　　面接官

質問事項	返答メモ
志望動機は何ですか？	
応募前に他社と迷いましたか？（具体的な企業名）	
YES一結果的になぜ当社を選ばれたのでしょうか？	
以前の職場の退職理由は？	
そこで何がどのように変われば辞めなかったと思いますか？	
仕事やプレイベートでうまくいったこと	
失敗したこと	
それぞれ、自分の人生にどう役立っていますか？	
採用されたらどんな仕事をしてみたいですか？	
1分間で自己PRをしてください	

主な就業ルールと伝達事項

伝えたらチェックを入れる

	会社の「理念」と「働くうえで大切にしてほしいこと」を伝える
	遅刻、欠勤の説明。（メール、LINEではなく必ず電話で連絡する）
	週に2回以上勤務してもらいたい旨を説明する
	希望の曜日、時間帯以外も要請があれば、時々でいいので出勤して欲しい旨を伝える
	出勤時の携帯、スマホの利用について説明する
	新人研修の期間と教育方針を伝える
	採用面接に合否の結果は　　月　　日までに電話で連絡すると伝える
	最後に、採用面接を受けた感想を話してもらう

所感

記入者名（　　　　　　　　　　　）※採用面接が修了した直後に記入すること

CHECK!

右のQRコードから『採用面接シート』がダウンロードできます

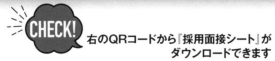

02 誰も教えてくれない！ 採用面接の進め方

採用面接の進め方1

採用面接で伝えること

多くの面接応募者はこちらが思っている以上に緊張しています。面接担当者も慣れていなければ同様です。緊張を解くには、いきなり本題に入らずに雑談から入るのがおすすめです。これをアイスブレイクと呼びます。

たとえば、「今日は朝から雨ですが、●●さんがこちらに来るときは、雨脚はどうでしたか？」と、天候について質問すれば、応募者は気軽に答えられます。2～3分でいいので、当たり障りがないことを話題にして、その場の空気を和ませましょう。

採用面接では、仕事内容をしっかり伝えることが大切です。アイデム人と仕事研究所の調査によると、3カ月未満で辞めてしまったパート、アルバイトの退職理由の上位は、「最初に受けていた説明と仕事内容が異なっていたから」「イメージしていたよりも体力的に楽でない・疲れる仕事だったから」などでした。
このことから、採用前に仕事について、きちんと説明がされていないケースが多いことがわかります。これは正社員についても同じです。

求人広告や採用面接でいいことばかり伝えて、実際に働いてみると、「しんどいな」と思うことや「面倒だな」と感じることがあれば、「こんな仕事があるとは聞いてない…」と疑念を抱きます。こういうことが続けば、やる気が低下して、退職へとつながります。

アメリカの産業心理学者のジョン・ワナウスによって提唱されたRJP理論（Realistic Job Preview）によると、求職者がデメリットと感じることをすべて伝えてから採用した場合と、メリットになることしか伝えずに採用した場合とで、明らかに前者の定着率が高いとのデータがあります。
実際に、私のクライアント企業の飲食店では、採用面接で職場のいい点、悪い点を包み隠さず伝えています。また、仕事内容についても細かく説明し、それらを納得したうえで採用しています。その店のスタッフの定着率は高く、学生バイトに関しては、ほぼ全員が卒業まで勤め上げています。

私が経営していたセブン-イレブンのFC店でも同様に、「どんな仕事をするのか？」をすべて面接で伝えていました。事前に聞いた業務の中で、嫌だなと思う仕事があれば、その時点で辞退してきます。逆に、入社を決める人は、すべて織り込み済みの人たちなので、しんどい、面倒と感じても想定内と思うので、それが原因で辞めてしまうことはなくなります。私の店は、採用前後に感じるギャップを「0」に近づけられていたので、定着率は同じエリアのチェーン店内の平均の4倍でした。

採用面接の進め方2

一問一答で質問しない

志望動機や前職の退職理由などについて応募者は、あらかじめ回答を準備してきているので、当たり障りのない模範的な回答しか発言しません。なので、採用面接で質問を一問一答のスタイルで進めてしまうと彼らの本音を聞き出すことはできません。

採用面接ではひとつの質問に対して3回は掘り下げましょう。ひとつ質問をしたら、その答えに対して、さらに質問をして掘り下げていけば、応募者の真の声を聞くことができます。

そうすれば、用意してきた「セリフ」ではなく、自分の考えを答えなければならなくなり、本音が聞きだしやすくなります。

掘り下げるには、「●●についてもう少し詳しく聞かせてくれますか？」や「他にはありませんか？」というフレーズを使うと効果的です。

特に、前職の退職理由は突っ込んで聞くことをおすすめします。退職する大きな原因は「自分のニーズが満たされない」ことにあります。退職理由を深堀りすると、そこから彼らのニーズが見出せます。たとえば、「いくら頑張っても給料（時給）が上がらなかったので他を探そうと思った」との答えから、ニーズが「労力に見合った賃金を受け取ること」であるとわかります。「残業が多く、自分の時間が持てなかった」と答える人のニーズは、

「趣味などに使う時間がほしいこと」です。

もし、それらのニーズを自社で十分満たせないとわかれば、その旨をストレートに伝えましょう。ニーズが満たせない職場で長く勤める人は少ないからです。そして、採用するか否か慎重に判断するようにしてください。

採用面接の進め方3

欲しい人材か見抜ける面接技はコレだ！

どの職場でも、臨機応変に対応できる人材はほしいものです。採用面接の場で**「臨機応変に対応できるタイプ」かどうかを見抜ける簡単なワーク**をご紹介します。

採用面接の途中、面接官がいきなり自分の腕時計を外し、応募者の目の前に置きます。**「この時計をいますぐ私に販売してくれますか？」と伝え、実演販売をしてもらいます。**

突然、思ってもみないリクエストをされるので、多くの人は戸惑います。完全にフリーズしてしまう人もいます。そういうタイプは臨機応変さに欠ける人です。一方、「文字盤がステキでしょう」とか「ちょっと着けてみませんか?」など、どうにかして販売しようと、すぐに対応できる応募者は臨機応変さに長けた人です。動き出すまでに時間がかかる人、販売している途中で詰まってしまう人…など、いろいろなパターンがあります。それらを観察していけば、どういうタイプなのかわかります。これは、海外で長年活躍してきた知人から聞いた、採用面接試験のひとつです。

採用面接の進め方4

1回で見抜こうとは思わない

パート、アルバイトスタッフの採用の場合、採用面接は1回、かつ短時間で終らせている企業が9割です。最近では面接も履歴書の提出もなく、賃金は日払いとうたって人を集めている企業もありますが、私はコンサルティングを行うときは**「採用面接は複数回行うべし」**とお伝えしています。

そう言うと、「採用面接のために何度も足を運ばせると応募者に逃げられるのではないか?」と反論される場合もあります。ただ、採用面接を1回のみ、短い時間で済ませ、来るもの拒まずのスタンスで頭数合わせの採用をしていると、人が続かない、育たない、採れない状況に陥ってしまいます。

一方、私が知る「人の問題で困っていない企業」は、採用前の段階でハードルを複数用意し、すべてクリアしなければ採用しないと決めています。少なくとも**30分~1時間を要して採用面接**を行います。会社概要、考え方（経営理念）、就業ルールの説明などを丁寧に行い、応募者からの質問にも答えていけば、短時間では終われないはずです。

採用面接は少なくとも3回行いましょう。1次面接は、面接担当者と応募者が話をして行う一般的な面接です。感触のよかった人を対象に、実際に数日から数週間（場合によれば1カ月）働いてもらい、働きぶりを、既存のスタッフと共に観察します。これを2回目の面接に充当させます。その際は、有期雇用契約を交わして短期バイト扱いにします。

一緒に働いたスタッフにリサーチすれば、働きぶりやコミュニケーションの取り方などの情報が集まります。複数の眼で観察すれば、面接担当者が気づけなかったこともわかり、応募者の本来の姿が見えてきます。

期間中に1日以上、責任者が現場にいない日に勤務してもらってください。職場のリーダーが不在時に横柄な態度を取るような応募者もいます。そういう情報を事前に入手していれば、問題行動を取るような人を採用するリスクが回避できます。3回目の面接は、「実際に働いてみてどうだったのか？」について両者で話し合う場を設けて行います。

不採用と判断した場合は、有期雇用契約の期限が満了すれば雇用を継続する義務はありません。一旦雇用した後に、試用期間で働いている場合は、相応の理由がなければすぐに辞めてもらうことはできないので、注意してください。

採用活動は「婚活」に似ています。**「面接＝お見合い」「トライアル採用＝お付き合い」「結婚＝雇用」**というイメージです。お付き合いをしているときに、嫌と思うことがあれば結婚に進まないという選択もできますし、マッチすれば結婚して、素敵な家庭を築くことができます。採用面接の後のトライアル採用は、一緒に職場で仕事をするのにふさわしい相手かどうかを見極めるための大切な時間なのです。トライアル採用を行う私のクライアント企業の離職率は概ね低く、人についての問題もほとんど起こっていません。

採用前の段階で、時間とコスト、労力をかけて、きちんと吟味すれば早期の離職を防ぐことと同時に**「本当に必要な人材」**を現場に揃えることができます。

採用面接の進め方5
直感を大切に／頭数合わせはやらない

採用面接をしているときに、本来は採用するには適さないけれど、現場の人手不足を解消するために、教育をすれば何とかなると思い、**頭数合わせの採用**をした経験がある方は多いかと思います。

面接のときに感じたこと、いわば「直観」に蓋をしてはいけません。私自身、採用面接の場で、イマイチだと思いつつ、採用した人物が何人かいましたが、そのほとんどが教育をしても、どうにもならなかった経験があります。

採用面接で「違うな…」と感じた違和感は、応募者の持つ、素地、性格、習慣からにじみ出るものですから、教育をしても修正が利きにくいのです。これらは、生まれ持った特性、生活をする中で長年にわたって、体や心にしみついていることだからです。

人は誰でも磨けば輝くダイヤモンドの原石のような存在だという人もいますが、ピカピカに光らせるには、相当な時間、労力が必要です。私は、ひとりのスタッフに1年以上付きっきりで教育をして、なんとか一人前に育てた経験がありますが、正直言って骨が折れました。無論、人手が足りず忙しい職場では、そういうことはできないでしょう。

採用面接の進め方6

採用面接でやってはいけないこと

担当者の印象が悪い

面接担当者の担当者の態度、服装、言葉づかいなどの印象が悪かったことが理由で採用を辞退したという人は多くいます。

たとえば、面接中に、ずっと腕組みをして足を組んで、偉そうな態度であったり、服装や髪形がだらしなかったり、不潔だったり、常に上から目線で質問をするなどは厳禁です。担当者から受ける印象で、企業の印象が決まると言って過言なしです。

面接の応募者に、気を遣いすぎることは不要ですが、数ある企業の中から、自社（店）を選んでくれたことに感謝し、丁寧かつ、感じのいい対応をすることが必要です。

面接で嫌な思いをさせる

採用面接に来る応募者は、面接の場を離れれば、お客様になることもあります。特に、店舗であれば、もともと顧客である人が応募にくるケースは多いでしょう。そういう人に対して、一時期流行った圧迫面接や意地悪な質問をして、相手の対応を見るような面接をするのはおすすめしません。

私の知人で、学生時代に就職活動で受けた面接の印象が悪かったため、その企業の商品をその後、一切購入していない人がいます。何十年も前のことですが、心の傷がそれだけ深かったということです。

質問してはいけないこと

採用面接で質問してはいけないこともあります。たとえば、質問してしまいそうな「尊敬している人は誰ですか?」は個人の信条に関するのでNGな質問です。

厚生労働省は下記を「採用選考時に配慮すべき事項」としています。(*7)

・人生観、生活信条などに関すること
・本籍・出生地に関すること
・家族に関すること(職業、続柄、健康、病歴、地位、学歴、収入、資産など)
・住宅状況に関すること(間取り、部屋数、住宅の種類、近隣の施設など)
・生活環境・家庭環境などに関すること
・宗教、政治、信条に関すること
・思想に関すること
・労働組合(加入状況や活動歴など)、学生運動などの社会運動に関すること
・購読新聞・雑誌・愛読書などに関すること

すぐに合否を伝える

アルバイトの採用面接の結果は、終了したときにすぐに合否を伝えるのではなく、翌日以降に伝えましょう。

あなたが応募者の立場であったとして、面接を受けて、「ここはナシかな…」と思っていたとしても、担当者から、「合格です。いつから働けますか？」と言われたら、「ありがとうございます。●●日からお願いします」と答えてしまうのではないでしょうか？

こういうケースでは、多くはその後に辞退の連絡が入るか、初出勤の日に来ない（ドタキャン）という結果になります。本当は辞退しようと思っていたのですから、仕方のないことです。

おすすめは、**採用面接の合否を伝える際はメールやLINEではなく電話で最終確認として**「面接を受けた後に、私たちと一緒に働きたいと思う気持ちに変わりはありませんか？」と質問してから告げます。もし、辞退したいと言ってきたら、ご縁がなかったと諦めましょう。出勤初日に受け入れの準備をしていて、ドタキャンされ残念な思いをするよりましですし、流れに任せて、仮に入社してきたとしても、すぐに辞めてしまいます。

03 インターンシップはファン作り

インターンシップは新卒採用に欠かせない存在になりました。企業が実施中に得た情報を、一定の条件を満たせば採用活動に活用することができるようになったからです。

これまでは、合同企業説明会（合説）に参加してくれた学生を、個別の企業説明会に誘導する戦略を取っていた企業が、今はインターンシップに注力しています。学生も、その流れに敏感に反応していて、大学3年次より対象となるため、実質、そこから就職活動がスタートしている状態です。

神戸市の老舗米穀店、いづよねでも、以前は地域の中小企業が集まる合説が、新卒採用の本丸でしたが、今はインターンシップに主眼を置いています。代表を務める川崎恭雄さんは、インターンシップに参加する学生は優秀で行動力に長けているので、その中から採用を決めていると言います。

一般的なインターンシップは、ワークショップを行ったり、職場で実際に業務を体験したりして、学生の言動を観察し選別することを目的に行います。一方、いづよねの目的は「ファン」にすることです。「炊飯のプロ養成講座」と題して、米についてのクイズを実施するなど、知識を深め「米」に興味を抱くようになるカリキュラムです。インターンシップを終えた後は、米が大好きになるとともに、いづよねのファンにもなっています。

川崎さんは、**中小企業には「いい学生」ではなく、「(自社に)合う学生」が必要**と言います。インターンシップでいづよねのファンになった学生は、その後、採用面接に進んでいきます。その過程で、既存の社員も織り交ぜての食事会を行い、お互いの素の姿がわかる機会を作っています。じっくり、「合う学生」を選んでいるので、お互いにミスマッチが起こりにくくなっているのです。**結果として2018年~22年までの新卒入社の退職者は0**です。

04 定着率を上げるために出勤初日にやるべきこと

新人スタッフにとって、初出勤の日は緊張するものです。不安な気持ちにもなるでしょう。新卒の場合は初めて社会人となる日です。既存のスタッフや上司、経営者にとっては、新人を受け入れること以外は、ごく普通のありふれた日でしょうが、**新人にとっては特別な日**です。そのことを念頭に新人スタッフを迎え入れなければなりません。

私が経営していたセブン-イレブンのFC店で、正社員として働いていた女性スタッフから聞いた話です。彼女は私の店に勤める前に、ある飲食店の求人に応募したそうです。採用の連絡を受け、初出勤日の朝に指定の時間に店に行くと、店員から「あんた誰？」と言われ、追い返されそうになりました。後でわかったのですが、その日は店長が休みで、彼女が出勤してくることを引き継ぎ忘れていたとのこと。その後、出勤初日にいきなり冷遇されたこともあり、1カ月も経たずにその店のアルバイトを辞めて、私の店に面接を受けに来ました。

彼女は国立大学を卒業して教師を志す、とても優秀な人材でした。私の店の副店長に昇進するくらいの能力を持っていたのですが、その飲食店は、出勤初日の対応をきちんと行わなかったことで、みすみす優秀な人材を逃すことになったわけです。

本書をお読みのあなた自身が、新入社員として職場に初出勤した日のことを思い出してみてください。ワクワクした気持ちとともに「上司や先輩とうまくやれるだろうか?」「迷惑をかけないだろうか?」などと思う不安もあったはずです。

このような不安な気持ちを払拭し、職場にいる人たちから歓迎されていると感じてもらうために、新人の出勤初日に全員でウエルカムの気持ちを伝えましょう。

具体的には、事務所にウエルカムボードを用意したり、歓迎の言葉を色紙に寄せ書きしたり、メッセージカードに書き込んで手渡したりするなどです。

朝礼の場で、全員で自己紹介を行い、お互いのことを知る機会を作るのも有効です。人員が少なく無理な場合は、自己紹介シートを作成して回覧してもいいでしょう。自己紹介シートには、卒業した学校名や所属していた部活、趣味などを書いて、お互いに共通点を見つけられるようにするのがコツです。共通点が見つかった相手とは心の距離が近くなるものです。

兵庫県の食肉加工・小売業の大浦ミートでは、新卒採用を始めた年から、手作りの入社イベントを実施しています。社員全員が約2カ月かけて企画し、準備をします。当日は、朝一番の入社セレモニー、午後からは、オリエンテーション、関連企業への挨拶周り、そして、夜は、全社員が集まってバーベキューをします。

入社イベントを終えた後に、新卒生にインタビューすると、**「皆さんから歓迎されているとわかって、初日から安心して働くことができた」**と口を揃えて言います。

新人スタッフの定着率を上げるために一番大切なのは、自分の「居場所」がここにあると感じさせること。「ここにいていいんだ」と思えれば、不安な気持ちは消えていきます。

Column

最終学年の学生スタッフは積極的に採用

就職活動や受験が終わった後の最終学年の大学生や専門学校生からアルバイトの応募があった場合、あなたはどう対応しますか？

もし、その人以外の応募者が大学1年生だったら、どちらを採用するでしょう。おそらくですが、多くの場合は後者の1年生でしょう。

私がセブン-イレブンのFC店を経営していたときは、**最終学年の応募者を積極的に採用**していました。それを近隣のオーナー仲間に話すと「なんで、あと数カ月しか働けない4年生を採用するのか？」と不思議そうにしていました。

学生は卒業すれば退職するので、また新たにスタッフを採用し、教育を行わなければなりません。その手間を考えれば、できるだけ長い期間在籍してもらえる1年生を採用したほうがいいと考えるのが普通でしょう。ただ、入学したばかりの学生は、学校生活に慣れず不安定な状態ということもあり、1～2カ月で辞めてしまうケースも多くありました。そのため私はできるだけ避けていました。

最終学年の学生は、「働くことができる期間が短い」以外に、採用するデメリットが思い当たらず、逆にメリットのほうが多いのです。

大学（専門学校）1年生の場合は、初めてアルバイトをするという人も少なくありません。ですので、新人研修で習っていなかったり、マニュアルに載っていないイレギュラーなことが起こると、焦ってミスをし、お客様からクレームを受けることもあります。

その点、大学4年生は、これまでに複数のアルバイトを経験してきている人も多く、現場で多少イレギュラーなことが起こっても、スムーズに対応しその場を乗り切れます。

また、厳しい就職活動を経験し、企業から「内定」を勝ち取った学生は、1年生や2年生と比べると、心が成長している人が多いと言えます。周りに気遣いができたり、感謝を伝えることが自然にできたりします。そういうスタッフが職場にいれば、雰囲気もよくなります。今は、インターンシップを活用し、在学中に企業の現場で仕事をすることを経験している学生が大半です。その際、内定先の企業の担当者から、社会人としてのマナーや、仕事をすることの意味を教育されているケースもあります。経験を積んできている分、こちらが教えなくても、仕事をするうえでの心構えがすでにできているという人が多いのです。

就職も決まり、学校の授業の単位もほぼ取得している学生であれば、時間を自由に使えるのでシフト組みの際にかなり融通が利きます。私が経営していたセブン‐イレブンのF

C店でも、最終学年の学生は、急なシフトチェンジに快く対応してくれ、とても助かりました。

卒業後のメリット

彼、彼女たちが、就職した後にもメリットがあります。ご存じの通り、新卒で採用された人の定着率は低い状況が続いています。この数値は10年以上、大きな変化はありません。新しい就職先を探すまでの間に、つなぎとして、学生時代に働いていた店に出戻りして働く可能性は「0」ではありません。もちろん、アルバイトとして働いているときに、いい人間関係を築いておき、卒業してからもLINEなどで時々やり取りをして、緩やかにつながっておくことが必要となります。

また、若い世代は副業をするのが当たり前という意識を持っています。収入を増やすことが目的でダブルワークをするのであれば、新しいことにチャレンジするよりも、慣れ親しんだ以前のバイト先（卒業間際に勤めていた店）のほうが、ストレスなく働くことができると考える人もいます。副業先として、自店・社にアルバイトスタッフとして戻ってきてくれることは十分考えられます。

店としても、新人を新たに雇用すると、一から業務を教えなければなりませんが、卒業生だと即戦力となるので好都合です。

このように最終学年の学生を採用することは、在籍期間は短いですが、プラスになる面が多いのです。ネガティブなバイアスをかけずに、短くてもしっかり仕事に従事してくれる人材として捉えることをおすすめします。

Part 3

training

training／人材教育

すぐに辞めない人材に育てる 15分 育成法

15分 すぐに辞めない人材の育て方

人手不足が続く中、十分に教育をされないまま現場で仕事をしなければならないケースは多くあります。大学生の息子の友人が飲食店のバイトを始めたとき、出勤初日に2時間程度の研修を受けただけで、すぐに店舗のホールの業務をひとりで行わなければならなかったそうです。私がいたコンビニ業界でも同様に、新人教育は数時間だけで、すぐにシフトに入れてしまうのが一般的です。

入社して間もない新人は右も左もわからず、常に不安な状態で職場にいます。それなのに、新人教育をきちんと行わないまま、現場に投げ込まれて、いきなり指示されたことをやれと言われても、うまくできるはずがありません。

やり方がわからず、まごまごしていたり、ミスをした際に「何やってんだ！」などと怒鳴られたりすると理不尽さを感じます。それが続けば辞めてしまうでしょう。

世の中がコロナ禍に陥った年に入社したZ世代は、いきなりテレワークを与儀なくされたケースも多々ありました。店舗を運営する企業では、店に出勤することができずに、数カ月の間、自宅待機となった人も多くいます。不安な気持ちでいたことでしょう。

その後も、ちゃんと教育をされないまま月日だけが過ぎて行き、モチベーションが維持できずに離職した人も多くいたと聞きます。

以前、関西で飲食チェーンを展開する経営者から、元スタッフへの退職理由の調査結果をお聞きしたことがあります。一番の理由は「教育してもらえなかったから」でした。

新人の離職防止には教育をしっかり行うことが必要です。

step1 最初の5分
仕事の意味・業務全体の中での役割を教える

入社したばかりの新人がする仕事は、単純な業務が中心です。誰でもできるような作業を、ずっとやっているとやりがいを見出せません。

しかし仕事の意味をしっかり理解していれば、単純作業だとしても、価値を見出せます。

新人には、作業の「やり方」を教える前の5分間で、現場の業務にはすべて意味と意図があること、やってもやらなくてもいい仕事は存在しないと教えましょう。

たとえば、食料品の販売店での期限切れの商品の有無をチェックするルーティンの業務。商品の消費期限をひとつずつチェックして、該当する商品を店頭から下げて廃棄するという作業です。

やり方を教えれば、誰でもすぐにできる単純作業ですが、もし販売期限の過ぎた商品がひとつでも店頭に残っていれば、お客様からの信頼を失います。万が一、誤って販売した消費期限切れの商品を食べたお客様が食中毒になったら？ チェーン店なら、1店舗だけの問題では済まず、すべての店に悪影響が及びます。

新人がどんな作業も大切な仕事だと理解できれば、取り組み方も違ってきます。

私がセブン-イレブンのFC店を経営していたときは、現場で作業を教える前に、企業としてのスタンス、経営のミッションやビジョン、地域の中で店がどのように役立っているのかなどを、詳しく伝えました。さすがに5分では伝えきれないため、座学の時間を設けるようにしていました。

今の若い人たちは、単に自分の収入を増やすことだけではなく、仕事を通じて世の中をよりよくすることができる企業で働きたいと考えています。教育の前に、企業としての在り方、役割について語る機会を作りましょう。

step2 次の5分
マニュアルに基づいて教える

訪れる人に感動を与え続けているディズニーランドには接客マニュアルは存在しないと聞きます。一方、無味簡素な対応しかできていない企業では、マニュアルに基づき、教育を行っています。

ではマニュアルはなくてもいいのでしょうか？

教育マニュアルは必要です。マニュアルがないと、教える人（トレーナー）によって、業務のやり方などが異なる場合があり、新人は混乱してしまいます。マニュアルがあれば誰にでも、正しく時間をかけずに教えられます。

職場によってはマニュアルが存在しないというケースも。教育マニュアルを一から作る作業はかなり骨が折れるため、新人教育をしながら作るのがおすすめです。その日に教えたことを都度まとめていきます。新人スタッフにマニュアル作りに協力してもらえば、教えられたことの復習にもなり効率的です。

マニュアルは、定期的にリニューアルしましょう。**現場の状況やオペレーションの変更にあわせてマニュアルを修正**します。改編の担当者を決めておき、定期的にマニュアルを見直しましょう。

現場の業務に「暗黙のルール」が存在する場合はそれもマニュアルに載せます。ルールを知らないがゆえに起きたミスを注意をされれば、新人スタッフは理不尽に感じてやる気も失われます。**マニュアルは、職場で行う業務をすべて網羅するように**してください。

また、全員がマニュアル通りに業務を行っているかの確認も大切です。先輩が我流で仕事をこなしているのに、新人にはマニュアル順守を強要となれば納得がいかず、不信感を抱きます。

効率よく、高いクオリティーで業務を進めるためのマニュアルですから、マニュアルが遵守されているか全員で確認する機会を定期的に設けましょう。

step3 最後の5分

期待していると伝える

新人スタッフのやる気を上げ、成長を促進させるためには**「期待を伝える」**が欠かせません。信頼している上司や経営者に期待されれば、人はその思いに応えようと行動します。これは心理学では、**「ピグマリオン効果」**と言われています。

教育心理学者のロバート・ローゼンタール氏の実験によると、ある学校で一般的な成績の生徒を2グループに分け、ひとつのグループには、「君たちはとても優秀なので期待しているよ！」と伝え続け、もうひとつのグループには、特にメッセージを伝えず、一般の学生として扱いました。すると優秀だと言われ続けたグループの生徒の成績はグンとアップし、他方のグループに変化は現れませんでした。

私がアパレル企業で店長をしていたとき、キャンペーンの初日に、大きく予算を落としたことがありました。その翌朝、上司から「昨日は残念だったけれど、岡本さんなら期中の予算達成はできると思っているよ！」と告げられました。

このように期待を伝えられたことで、私の落ち込んでいた気持ちは一気に晴れ、やる気も上がり、初日に落とした売り上げを翌日に取り戻しました。

漠然と「頼んだよ！」「頑張ってね！」と言われても、部下は何に期待されているのか理解できません。**何を望んでいるのかを具体的かつ簡潔に伝えましょう**。

ひとつ注意したいのは、期待をかけ過ぎてお互いがストレスを感じてしまうこと。期待通りにいかなければ、「どうして、ちゃんとやらないのか…?」と上司は不満を抱きます。言葉に出さずとも、表情や態度にその気持ちが表れるでしょう。部下は、それを敏感に察するので、モチベーションが下がります。マネジメントがうまく機能しなくなるので「期待のかけ過ぎ」には気をつけましょう。

特に、大卒の新入社員の採用を始めたばかりという企業では、新人へ社長や幹部社員が、多くのことを求めて、過度な期待を抱きがちです。

真面目で頑張り屋さんタイプの人ほど、期待に応えようと全力で取り組みますが、キャパオーバーの状態が続けば、ちょっとしたことがきっかけで、心が折れてしまうかもしれません。体力的にも限界がきていたら体調を崩し、下手をすると退職してしまいます。

新入社員は、どれだけ優秀な人材であったとしても、できることは限られています。**「期待をかけ過ぎると、本人にとって負担になる」**と覚えておきましょう。

成長するスピードはそれぞれ違います。各自の成長度合いに合わせて、少しずつステップを踏みながら育てるようにしてください。期待をかけているからこそ、できていない部分に目がいきがちですが、よく観察すれば、期待通り、もしくはそれ以上にできていることも複数あるはずです。

プラス面にフォーカスして、承認のメッセージを投げかけていけば、徐々に部下はあなたが望むように成長していきます。

15分 「100%教えきる」技

step1 最初の5分 ゴールと全体図を見せる

陸上競技の中でもマラソンは特に苦しく、ハードな競技のひとつです。42・195キロ先のゴールが明確にあるからこそ、走者は走り切ることができます。

新人にとって新人研修はマラソンと同じようなもの。毎日、覚えることも、やることも多く、ゴールも見えなければ辛さしかないでしょう。他の業界から転職してきた場合も、聞き慣れない言葉や、初めての業務ばかりで、悩みを抱えることになります。

パート、アルバイトであれば、研修期間中は、時給が低い場合も多く、しんどく辛いのに、実入りが悪いので、なるべく早く抜け出したいと思うでしょう。

新人研修は、全体のスケジュールを記入した工程表を作成し、**スタートする前の5分で、**

ゴールがどこにあるのか説明しましょう。全体像を把握し、終わりがわかっていれば、新人はモチベーションを保つことができます。

step2 次の5分
細かく分解して教える

作業方法を教える際、マニュアルの内容をサラッと読み合わせるだけで、「わからないことがあれば、その都度先輩に質問してね！」と言って終わってしまうケースをよく見かけますが、これでは、仕事のやり方をきちんと理解できません。

ひとつの項目を教えるときの手順は、まず、一連の作業を最初から最後まで、お手本としてすべて見せます。これにより、何をどのようにするのかがあらかた理解できます。次に、作業を細かなパートに分けて教えていきます。実際にやらせながら、コツを教えていきましょう。

細かなパートに分けて教えれば、どの部分がボトルネックになって、うまくできないのかがすぐにわかります。**できない箇所を集中的に訓練すれば、効率よく作業をマスター**できます。

step3 最後の5分 確認テストと教え漏れをなくすチェックシートの活用

新人教育で教える項目が多いと、教え漏れが発生することがあります。トレーナーはすべて教えたつもりなのに、新人がやり方がわからず戸惑っていれば「前に教えたでしょ！」と強く当たってしまう場合もあります。新人としては、「教えられていないのに…」と納得がいかず不満を感じます。

このようにならないために、教えるべき項目を一覧表にして、教えた項目を消し込みながら教育を進めます。

項目はできるだけ細かく設定してください。たとえば、店舗のスタッフにレジ清算のやり方を教育する場合、項目名は「レジ清算」だけでなく、レジ清算に関連するすべての業務を列記します。「商品のバーコードスキャンのやり方」「クレジットカードの扱い方」「返金対応」「レシート用紙の交換」…という具合です。

一覧表のチェックの有無を見れば、教育の進捗が一目でわかりますし、教え漏れも防げます。

一度教えただけですべて理解できる人は少数派ですし、頭でわかっていても、実際に現場で間違わずにできるとは限りません。教えた項目を理解したかどうか、その都度確認しながら研修を進めましょう。

私がセブン-イレブンのＦＣ店を経営していたときは、研修の最後のテストで習得しているかどうかを確認していました。理解していなければ再教育をして、１００％教えきることを徹底していました。

「辞めたい」と思わせてしまうＯＪＴ教育の落とし穴

新人研修を行う場合、多くの企業が、実践の中でトレーニングを行うＯＪＴ（オン・ザ・ジョブ・トレーニング）教育を導入しています。

現場での仕事中でしか教育できないこともあるので、新人教育には欠かせません。ただ、

ＯＪＴ教育を行うことで、顧客に不快な思いをさせる場合もあるので注意が必要です。

先日、出張先で利用したレストランで、領収書を発行してもらいました。そのときのレジ清算の担当は、胸に若葉マークのバッジを付けた新人スタッフ。

何度かレジを操作して、領収書を発行しようとしたもののうまくいかず、店長を呼びに行きました。その後、店長が来て、スタッフを教育しながら領収書を作成。その間、私は5分近くもレジの前で待たされることになりました。

ちょうど、昼のピークが過ぎた頃で、私の後ろには客が誰もいなかったこともあってか、店長はスタッフに丁寧にレジ操作を教えていました。おそらく、客である私を待たせていることに対して、何も感じていなかったのでしょう。

店舗の業務において、領収書の発行は基礎の基礎です。それをＯＪＴと称して、お客様を巻き込みながらトレーニングをするというのは絶対にやってはいけないこと。なぜなら、お客様、新人、店、誰にとってもいいことはひとつもないからです。

お客様は教育をしている間、私のように待たされます。当然、内心はイライラしますし、急いでいる場合はクレームになるでしょう。もし、お客様に「何やってるんだ早くしろ!」と怒鳴られたら、新人は焦ってしまい、教えられたことが頭に入りません。長い時間待たされたお客様は、二度とその店を利用しないでしょうから売上も下がります。

このようなシチュエーションでの基礎的なトレーニングは、お客様のいない時間帯に行うべき。決して、お金を払い商品を購入していただくお客様を練習台にしてはいけません。**OJT教育は基礎教育を行う場ではありません**。マニュアルに載っていない現場で起こる、様々なケースにどう対応すればいいのかを教える機会ととらえてください。

兵庫県の石井歯科医院では、新人教育は二人三脚で行います。主に現場で教育を行うトレーナーに加えて、もうひとり、先輩スタッフが相談役になり、新人に寄り添います。こまめに新人とミーティングを行い、メンタル面でのサポートを行うのが主な役割です。

新人が、どういう状態でいるのかについて、トレーナー役のスタッフと密に打ち合わせを行うことで、新人各自に合わせながら教育を進めていくことができます。

また、新人研修に直接かかわらないスタッフも、教育を他人事にせず、全員で育てていく意識を持たせ、教育に携わるようにもしています。

結果として、**新人の離職は7年以上「0」が続いています**。

Column

教わるスタンスが変われば育つスピードが上がる

私が新卒で入社したアパレル専門店チェーンは当時、業績が絶好調で、新規出店の際に必要となる人材確保のために採用を強化していました。企業説明会で私たちは、入社後1年以内に店長になると、説明を受けていました。

学校を卒業して、数カ月しかたっていない新入社員に、店舗のマネジメントを任せてしまうのですから、今から考えると「無茶ぶり」ですよね。

店長になるまでに、数カ月しかないと認識していたので、私を含めた当時の同期たちは、新人研修を受けるときのスタンスが、一般的な新入社員とは違っていました。

自分が業務のやり方を学んで習得することが目的ではなく、店長になった後、スタッフに学んだことを、どう教えればいいのか？　というスタンスで教育を受けていました。

アパレル企業を退職して独立し、セブン-イレブンのFC店を開業するとき、店舗運営に必要なことを学ぶ研修がありました。研修期間は2週間。修了後すぐに店舗オーナーとして、店を切り盛りしていかなければなりません。もちろん、アルバイトスタッフの教育も自分で行います。このときも、アパレル時代と同様に、教えてもらったことを、どうやって伝えればいいのか？　と常に考えながら教育を受けていました。

大手自動車ディーラーのマネージャー研修に携わったときのこと。参加者に「研修の参加の目的」を発表してもらったところ、全員が「学んだことを部下に教えるため」と答えました。半日の長時間の研修でしたが、受講者は集中力が途切れることなく、真剣に研修に取り組んでいました。

このように、**自分だけのためではなく、「次に自分が教える立場になる」というスタンス**で教育を受ければ、自ずとスピードも習得度も上がります。若い世代のスタッフを教育する際は、今の自分だけではなく、いずれ教える側になるのだから、その際にどう教えればいいのかと考えながらトレーニングを受けると、学んだことが身につきやすくなると説きましょう。

現在、私が携わっている企業研修に、講師としてサポートしていただいている、コンサルタントの柴田昌孝さんから「生物には生れてから数年の間、脳の働きが活発になり、何かを覚えたり、習熟することに長けた時期（臨界期）が存在する。臨界期までに見聞きしたことが、その後の人生に大きく影響を及ぼす。会社に入社してからの数年間は、社会人としての臨界期であり、そこで、誰から、何を、どのように学ぶかで、その人の人生が決まる」とお聞きしました。

教える側は、新人スタッフの大切な時期に関わっているというスタンスで、研修に取り組むようにしてください。

15分 定着率とやる気が同時に上がる仕事の任せ方

step1 任せる前の5分
「なぜあなたなのか?」「成長につながる」と伝える

世の中の上司、経営者の多くは、任せることが苦手と感じています。なぜ、任せることが難しいと感じるのか? それは、人に任せるよりも自分でやったほうが、早いし失敗もない。任せると思ったような結果につながらない。そもそも任せる人がいない…と思い込んでいるからです。私はこれを**「何でも自分でやってしまう病」**と呼んでいます。

また、人手不足の現在、上司はプレイングマネージャーとして、自らのノルマもこなしながらマネジメントもしなければなりません。そうなると、自分のことで手一杯。スタッフに仕事を教える余裕がないことも多々あります。

しかしながら、上司の立場にある人は、自分の仕事と同時に、組織をひとつにまとめ、チームとしての目標達成が求められます。そこで必要なのがマネジメントを行う時間の確保です。そのためにスタッフに仕事を任せるのです。

確実にスタッフに仕事を任せるためには、**いきなり指示をするのではなく、任せる前に準備を**。それぞれ5分程度なので、ぜひ実践してみてください。

❶ 任せる相手のタイプを知る

スタッフに仕事を任せる前の準備として、**「誰にどの業務を任せるのかを決める」**必要があります。適性に合った業務を任せれば、各自の生産性も仕事の完成度のクオリティーも上がります。

スタッフ一人ひとりに適正に仕事を任せるには、各自の特性（タイプ）について、しっかり把握しておくことが不可欠です。性格、長所、短所、仕事観、人生観、価値観、子どもも時代のことや将来のビジョンなどについても知っておけば、コミュニケーションが楽に取れるようにもなり、関係性も深まります。

5分で取り組める簡単なワークをご紹介しましょう。まず、あなたの部下の誰かひとりを頭に思い浮かべてください。

その部下のニックネームをノートに書きます。次に得意な仕事、苦手な仕事、これまで取り組んだ業務で一番生き生きと励んでいた仕事、仕事がうまくいったときにどんな言葉を書ければ喜ぶのか？　について、書き出してみましょう。他の部下についても同様にわかる項目を書き出します。

もし、ほとんど書けないという場合は、仕事を任せる前に部下のことをもっと知るところから始めます。雑談をしていく中でそれとなく聞きだし、少しずつ理解を深めていきましょう。

❷ なぜ、あなたに任せるのか？　を伝える

「なぜ自分が任せられるのか？」の明確な理由がわかると、仕事を押し付けられたので

はなく、わざわざ自分を選んでもらえたという気持ちになります。

私がアパレル専門店チェーンに入社して1年も経たない時期、新潟エリアにチェーン初出店となる店舗の店長として赴任する辞令を受けました。その際、当時の上司から、私が新潟への新規出店の店長となる理由を聞かされました。

「店を軌道に乗せることができたら、新潟にさらに出店できるので、絶対に予算を落とすわけにはいかない」

入社1年目の私にとっては重すぎる任務です。重責を感じながらも、頑張ろうと思えたのは上司が「同期の中で今一番頑張っている岡本さんにぜひやってもらいたいと思っている」と言ってもらえたからでした。

「期待されて、自分が選ばれた」と理解できたので、なんとしても、任せられた任務をやり遂げようと思えたのです。

結果として年間予算をクリアし、責務を果たせました。私は翌年、大型店に移動となり、新潟を離れたのですが、その数年後に2号店の出店が実現したことを知ったときはうれしかったですね！

仕事を任せる際は、「なぜ、あなたなのか？」を詳しく伝えましょう。

❸ 成長につながると伝える

自分が欲していること、手に入れたいものが得られるとなれば、人は積極的に行動しようとします。**行動を促進するにはメリットがあると感じさせる**のが有効です。

多くの人は仕事を通じて成長したいと思っています。これは、老若男女すべてに共通して言えることとです。つまり、「任せた仕事にしっかり取組めば、あなた自身が成長できる」旨を伝えれば、任せられた仕事への取り組み方が変わります。

若い世代の人に指示をすると「なぜ自分がその仕事をしなければならないのか？」について説明を求めるケースが多くあります。納得すればモチベーション高く仕事に取り組みます。このときの理由のひとつとして**「あなたの成長につながる」**と伝えるのです。それ以外のメリットも具体的に説明します。自分にメリットがあると感じれば、やらされ感を抱くことなく、やる気を持って仕事に取り組んでくれます。

step2

任せるときの5分 内容の伝え方(写真・図・数字)

任せたことがこちらの思うように実行されない場合があります。言った通りの結果にならなければ、本人にやり直しを指示するか、他の誰かに修正を依頼する、もしくは、上司、経営者が尻ぬぐいをしなければなりません。手間も労力も倍以上かかりますので、そういうことが続けば、スタッフに仕事を任せるのを躊躇するようになるでしょう。

なぜ、任せた側の意図したとおりに実行されないのか?

任せる内容がスタッフに正確に伝わっていないからです。

伝えるときに、曖昧な言葉で指示を出してはいけません。

「ちょっと多めに発注しておいてください」と指示を出したとしてもスタッフによってとらえ方は様々。指示を出した側が10個ほど多く発注してほしかったのに、スタッフが発注したのは3個だったとします。そこで「なんで多めに発注していないんだ!」と雷を落としたらどうでしょう。スタッフは、なんで怒られるのかわからず理不尽な思いをします。

この場合の正しい伝え方は上司の頭の中にある「ちょっと多め」を「10個発注してください」と数字で指示することです。数字の「10」は誰が見ても「10」なので、正しく伝わります。**任せる仕事の内容を伝えるときに曖昧な言葉は使わない**ようにしましょう。

写真や図を使って完成形を見せて「この通りにしてほしい」と指示を出すのもおすすめです。

私が経営していたセブン-イレブンのFC店に新規商品が入荷する際、売場のどこに陳列するのかは、売場担当者が決めていました。ただ、発注した商品は担当者がシフト入りしているときに入荷するとは限らないため、陳列場所を図に描き、陳列の指示をしていました。指示書を見れば、誰でも任せる側の意図した通りに確実に陳列できます。

以前、大阪のある企業へコンサルティングに行った際、その会社の社長から「自分の話を社員が理解してくれないので、仕事を任せることができない」と相談を受けました。

社長と数分お話しただけで、悩みの原因がわかりました。会話にカタカナ英語やビジネス用語がバンバン入ってくるのです。

曖昧な言葉	対応方法
多く・少なく	個数、量を決める
大きく・小さく	長さ、サイズを明記する
早く・遅く	時間を指定する
増やす・減らす	容量、個数を記載する
●●のイメージで	イメージを写真や図を見せる

私ですら、社長の話の7割程度しか理解できず、難しい言葉が出るたびに、「今の言葉はどういう意味なのか？」と尋ねながらコンサルティングを進めました。

この調子で話をしていたとしたら、当然スタッフにも伝わらないでしょう。

任せる内容を伝える際は、相手が知っている言葉を使うようにしてください。経営者、上司の方々が普通に使っている言葉でも、スタッフにとっては聞きなれない用語である場合は多くあります。カタカナ英語は、日本語に変換して伝える。ビジネス用語はできるだけ使わない。業界の専門用語は、言葉の意味を教育してから使うようにしてください。

任せる仕事の内容は相手に伝わる言葉で明確に伝えましょう。

カタカナ英語	言い換え
アグリー	同意する
アサイン	任命する
アジェンダ	予定表·会議での議題
エビデンス	証拠
コミットする	約束する
コンセンサスを取る	同意を募ること
コンプライアンスを守る	法令を遵守する
サマリー	文章などを要約したもの
シェアする	情報を共有する
シュリンクする	縮小する
ジョインする	参加する
スクリーニングする	選考する
タスク	行うべき仕事
デフォルト	基本
バッファ	余裕
ファクト	事実
フィックス	決定
プライオリティ	優先順位
ペンディングする	保留する
リスケ	予定を変更すること

任せることを伝える際、「ここは正しく理解してもらわないといけない」という重点事項は、私がセミナーや研修会で活用している方法を応用すると伝わりやすくなります。

伝えたいことを告げる前に**「今から大事なことをお伝えしますね！」「これからお伝えする3つのことが最重要ポイントです」**と**「前置きフレーズ」**を使うのです。そうすると、漏れのないようにしっかり聞こうと意識するので、そのフレーズの後で言ったことが正しく伝わります。一言付け足すだけで、任せることがしっかり伝わります。

step3 任せた後の5分

結果検証・フィードバック

セブン-イレブンのFC店を経営していたとき、商品の発注を担当しているスタッフと、売り上げ動向について毎日5分、発注数の意図とどのように売れたかについて結果検証を行っていました。売り切れや余って廃棄処分になった場合は原因をスタッフに考えてもらい、次の一手を決めていきます。

任せた仕事のフィードバックもしました。フィードバックによってスタッフは、自分の行動の結果を客観的に見つめることができるようになります。第三者の意見を聞くことで、視野が広がり、自分だけでは思いつかなかったことに気付けるようにもなります。

フィードバックとは、現状をありのまま相手に伝えること。そして、こちらが感じたことを率直に、「私は」を主語にしたアイメッセージで伝えていくことです。

たとえば、「●●さんが発注した新商品の売り上げが先週よりも2倍伸びていますね。今日の発注数は前回と同数なので、私は不足すると思います。発注の意図を教えてください」という具合です。

例文では、売上が先週より2倍伸びていることと、発注数が同数であると現状をそのまま伝え、その後に、私の意見を述べています。一般的な上司と部下の会話の場合、この後に指示を伝えることが多いでしょう。しかしそれだと部下は上司に言われたように行動するだけです。

任せられた仕事に取り組む際、部下は何らかの意図を持って行動しています。部下の考えていることを聞かずに、こちらの意見（指示）を伝えてしまうと、次からは、自分で考えることをやめて指示を待つようになります。これでは成長は望めません。
私は**「なぜそのように行動したのか」**を質問するようにしていました。意図していることが、あきらかに本筋からずれている場合は、「教育」が必要ですが、考え方自体に間違えがなければ、修正はしません。**「結果検証→フィードバック→質問→意図を聞く→行動」の流れを繰り返し行う**ことで、スタッフのスキルが徐々にアップしていきます。

❶ 任せた仕事が予定通り進んでいないときの対処法

任せた業務があるのに、なかなか取り組もうとしないスタッフがいます。なぜ、行動しないのか? 理由は、何をどのように進めればいいのかわからないことが考えられます。

特に新人スタッフであれば、やり方がわからないという場合が多いでしょう。中堅社員でも、携わったことがない新しい業務には慎重になりますし、方法がわからず手をこまねいてしまうケースもあります。

そういうときの対処法は、わからないところがどこなのかを聞きだし、必要に応じて再教育をすることです。

また**十分に教育をせずに、任せてしまっていることが原因**である場合もあります。やること、やり方があやふやな状態で、手探りで仕事を進めるのでは、ミスも起こりやすくなります。こちらの思ったように仕事が進まなくて当然です。

人手不足の中で、教育する時間がないので致し方ないと考えるのではなく、仕事を任せる前に、習得するべきことをすべて教え切るようにしてください。教育が中途半端な状態で仕事を任せると、本人にも周りにも、顧客にも迷惑をかけてしまいます。

❷ 誰から任せられたのかで成果が変わる

「誰から任せられたのか?」で、スタッフのモチベーションは大きく上下します。取り組み方にも差が生まれるので成果も変わります。「この人から任せられたのだから頑張って仕上げよう!」「この人のためなら一肌脱ごう!」と、スタッフから思われることが大切です。必要なのは、**リスペクトされる上司、経営者になること**です。尊敬できる上司から、任せられた仕事であれば、一生懸命に取り組もうと思えますし、逆もしかりです。スタッフからリスペクトされるには下記の3つのことを意識しましょう。

ルールを守る

社会のルールを守ることは、組織を率いるうえで重要視するべきことのひとつです。ルールから逸脱した行動を取る企業は、消費者からレッドカードを突き付けられて一発退場です。SNSの活用が浸透した世の中では、嘘をついたり、ごまかしたりができなくなっています。一旦そういう事実が明るみになってしまうと、企業として存続できない状況に追い込まれます。この10年ほどの間に多くの企業が退場処分にあっていることをご存じでしょう。

経営者は、これを理解したうえで舵取りを行わなければなりません。**社会のルールを守ることは、リスペクトされる経営者になる前提条件**です。

社内のルールを守ることも大切です。スタッフには、就業ルールを厳守することを求めるが、自分は守っていないでは、スタッフは納得しません。たとえば、遅刻厳禁と言いながら、自分は会議の開始時間に平気で遅れてくるような上司ではいけないということです。

定められたルールは、自分が率先して守るようにしてください。

約束を守る

政治家は選挙活動のときに有権者に対して公約を宣言します。選挙演説の中でも声高らかに「当選した暁には●●を実行します！」と言いながら、当選した後に公約を守って実行する政治家は少数派です。守らなくても、特に罰則もないし、政治家として活動できるので、絵に描いた餅で終わってしまうのでしょう。

でも、上司、経営者が公言した約束を守らないと、スタッフからの信用が急速になくなり、リスペクトされないだけではなく、マネジメントがうまく機能しなくなります。

それなら、約束をしなければいいと思う方もいるかもしれませんが、皆の前で公言すると、「実現しなければならない」と思いプレッシャーを感じるので、行動が促進されます。結果として実行力が高まり成果を上げやすくなるというメリットがあります。これを心理学では**「宣言効果」**と呼びます。

スタッフに公言した約束をきちんと達成していくことで、スタッフからの信頼が得られるので、リスペクトされる存在になっていきます。

有言実行

「有言実行」によく似た言葉に**「不言実行」**があります。これは、あれこれと言葉に出さずに、黙々と行動していくことを指します。一昔前はそれが美徳であるととらえられていたこともあります。しかし、現場をマネジメントする立場の人は、有言実行でなければ、スタッフが上司、経営者の考えや行動を理解できません。

有言「不」実行になるのは、日々、目の前に積まれていく仕事を優先してしまい、公言したことの優先順位が下がってしまい、どんどん後回しになることが原因です。

そうならないためには、公言したことを紙に書き出すなどして、常に目に入る場所に張り出しておくと効果的です。私は目標となることを公言した後、手帳の1ページ目にコピーして貼り付けています。手帳を開くたびに目に入るので、その都度、重要なことであると再認識できます。パソコンのディスクトップやスマホの待ち受け画面に設定しておくのもいいでしょう。常に意識することで、公言したことを忘れることがなくなり、有言実行を貫けます。

スタッフからリスペクトされる上司、経営者になるには、当たり前のことを当たり前に愚直に実行していくことが一番大切です。**スタッフから、「こうなりたい！」と思われる存在になりましょう**。そのために自分磨きは必須です。

自分を律して行動する人物の元で働けば、成長できると感じられるので、ずっとこの職場で働きたいと思うようになります。

Column

任せ切ると決める

任せた業務を進める過程で、スタッフが「判断」しなければならない場面が出てくる場合もあります。そのとき、あなたに答えを求めにきたとしても、自分で判断するように促してください。

私がセブン-イレブンのFC店を経営し始めた頃、スタッフに任せていた業務の中で、判断が必要となった場合、私がどうするのかを決めていました。そうなると、スタッフは自分で考えずに、ちょっとしたことでも答えを委ねるようになってしまいました。

結果、私が毎回手を止めて判断をして指示をしなければならず、自分の仕事がはかどりません。休日にも電話が入るので、心も体も休まらないという状況になりました。

開業して2年ほど経ったときの夏休みに、やっとスタッフが揃い、家族でディズニーランドへ旅行に行けたのですが、そのときも、スタッフからの電話が頻繁にかかってきました。

何時間も行列に並んで、やっとアトラクションに乗る順番が回ってきた、その瞬間に携帯電話が鳴ったこともあり、そのときは、さすがに嫌になりました…。

スタッフから「判断する仕事」を奪ってはいけません。仕事を任せた後は判断することも含めて、**「任せきる」ことが大切**です。上司や経営者は、任せた相手が自分と同じ考えを持ち、同じように行動しないと違和感を抱くものなので、どうしてもスタッフがしていることに口を挟みたくなります。でも、そこはぐっと我慢が必要です。失敗して大きな損害がでると、あきらかにわかる場合を除き、結果が出るまで静観してすべて任せきるようにしましょう。そうすれば、自分で考える力がつき、成長が加速します。

Part 4

case study

case study

15分マネジメント 応用編

現場で働くスタッフのタイプは十人十色。性格、特徴、価値観は一人ひとり異なります。ひとつ言えば十がわかるスタッフがいれば、何度言ってもわかってくれない人もいます。ミスを繰り返すスタッフもいます。

ここでは、職場によくいる問題児となるスタッフをタイプ別で、どのようにマネジメントすれば効果的か？　具体的な対応方法をご紹介します。

01　Z世代とどう関わればいいのか？

上司世代、経営者にとって、よくわからない存在であるZ世代。概ね1990年代半ばから2010年代前半に生まれた世代です。

本書を執筆するにあたり、私のセミナーの参加者とメルマガ読者に、Z世代のスタッフに対する困りごとをヒアリングするアンケートを行いました。寄せられた回答の中で、目立ったのが、「向上心がない」でした。他人を蹴落としてでも、昇進してやろうと思うハングリー精神にあふれた人物は、Z世代にはあまり見かけません。

彼らが成長する過程で、幼少期にSMAPの曲「世界に一つだけの花」や、映画「アナと雪の女王」がヒットしました。それぞれ、「No．1にならなくてもいい、オンリー1になればいい」、「ありのままの自分になる」が主となるメッセージでした。言葉をそのまま受け取れば、「無理をしないで現状維持でいい」と解釈できます。

上司、経営者世代が若い頃にテレビで流れていたCMが「24時間働けますか？」と訴えかけていた時代とは大きな違いがあります。

大人になるまでに見聞きしたモノ、コトは、人の価値観や思考に大きな影響を与えます。Z世代が生まれてから現在まで、日本は「失われた30年」と言われた時代で、将来に不安を感じざるを得ない状況におかれていました。近年はコロナ禍を経験したことも加わり、不確実性の高い時代において、会社の中で出世してもメリットはなく、むしろリスクが大きいと悟り、できるだけ目立たず、安定した生活を選ぶ人が多いのです。

また、Z世代は、仕事よりもプライベートを重視する傾向が強いと言われています。社会人になって4年目のZ世代にインタビューをした内容をご紹介しましょう。

「入社したての頃は、仕事よりもプライベートを充実させたいという気持ちが強く、先輩や上司が、仕事中心の生活をしていることや、休日に会社に出てくることが理解できませんでした。

その頃は、仕事のことをきちんと理解していなかったので、日々の業務を通じて、面白さや、やりがいを感じられずにいました。一方、プライベートは、学生時代の延長なので、楽しいと感じられることが多くあったので、必然的に仕事ではなくプライベート重視になっていました」

多くのZ世代は同じ思いでいます。裏を返せば、日々の業務をできる限り早期にマスターし、仕事について精通できるようになれば、興味を抱く対象がプライベートではなく、仕事に向き始めるということです。Z世代のやる気の火をつけるには、**教育に力を注ぐことが大切**です。

一般的なZ世代の特性がその世代の人すべてに当てはまるのではなく、当然、いろいろなタイプがいます。

Z世代のマネジメントで一番大切なのはZ世代と一括りにするのではなく、一人ひとり対峙し、マネジメントをすることです。そうすれば、彼らとどう関わればいいのか？　が見えてきます。

02 ミスをした部下との関わり方

ミスをしたスタッフのことを、現場の担当から外して、その場の混乱を収めようとするケースはよくあります。ただ、外されたスタッフは、戦力外通告をされたととらえ、モチベーションが一気に低下し、プライドも傷つけられるでしょう。

その後は「ミスをしてはいけない」と不安な気持ちで行動するので、本来のよさを発揮できなくなってしまいます。

また、**ミスをして一番悔しい思いをしているのは本人**であることを理解したうえで、上司、経営者はマネジメントを行わなければなりません。

私のクライアント先の美容室アンドゥドゥ（福岡県）では、施術中にミスをしたスタッフへの対処として、失敗の原因を経営者が一緒に考え、再発防止のために教育を徹底して行います。その後、スタッフと個別ミーティングを行い、「担当から外さない」、「これを機にさらに成長することを期待している」と伝えています。

ハーバード大学のエイミー・C・エドモンドソン教授が提唱した「チームの心理的安全性」という論では、行動したことで罰を受けるかもしれないと思われる組織と、失敗を気にせず発言して行動できるチームとでは、圧倒的に後者の方がいい成果を上げることができると説かれています。Ｇｏｏｇｌｅの調査では、「心理的安全なチームは離職率が低く、収益性が高い」とも結論づけています（『心理的安全性のつくりかた』石井遼介／日本能率協会マネジメントセンター）。

業績不振やミスをしたスタッフを攻めたり、担当から外すのではなく、信頼と期待の気持ちを伝えます。そうすれば心理的に安心できる状態になり、モチベーションを上げて物事に取り組むことができるようになります。

03 自己肯定感が低いスタッフとの接し方

自己肯定感とは、「自分自身のことを価値ある存在である」と思える気持ちで、「今の自分に満足できている」という状態から生まれる感覚です。

自己肯定感が低いと自信を持てないので、物事に取り組むときに「自分にはできない」「うまくいかないのでは…」「おそらく無理だろう」と諦めてしまいがちになります。ネガティブ思考に陥り、常に不安な気持ちでいることになります。

その裏返しとして、周りから「価値がある人」と思われたいと願い、承認欲求が強くなる人も多くいます。

一方、自己肯定感が高いと自分の考え行動に自信が持てます。自信があるので周りに対しても虚勢を張らず、寛容な気持ちで接することができ、自然と人間関係もよくなります。また、何かに取り組む際に、「自分ならできる」という感覚になるので、迷うことなくスピーディーに動くことができます。

内閣府が実施した、日本を含めた7カ国の13〜29歳の若者を対象とした意識調査（子供・若者白書）の結果から見ると、**諸外国と比べて、日本の若い世代は自己肯定感が低い人が多いことがわかります。**

「自分自身に満足しているか？」の問いについて、「YES」と回答しているのは、アメリカ（87％）、フランス（85・8％）、ドイツ（81・8％）、イギリス（80・1％）でした。それに対して日本の若い世代は45・1％と半分にも満たない状態です。

「自分には長所があるか？」の設問についても、ドイツ（91・4％）、アメリカ（91・2％）、フランス（90・6％）、イギリス（87・9％）に対して、日本は62・2％しか「YES」と答えていません。**3割を超える若者が、自分には長所がないと思っている**のです。

【図1・2参照】

図１：自分自身に満足している

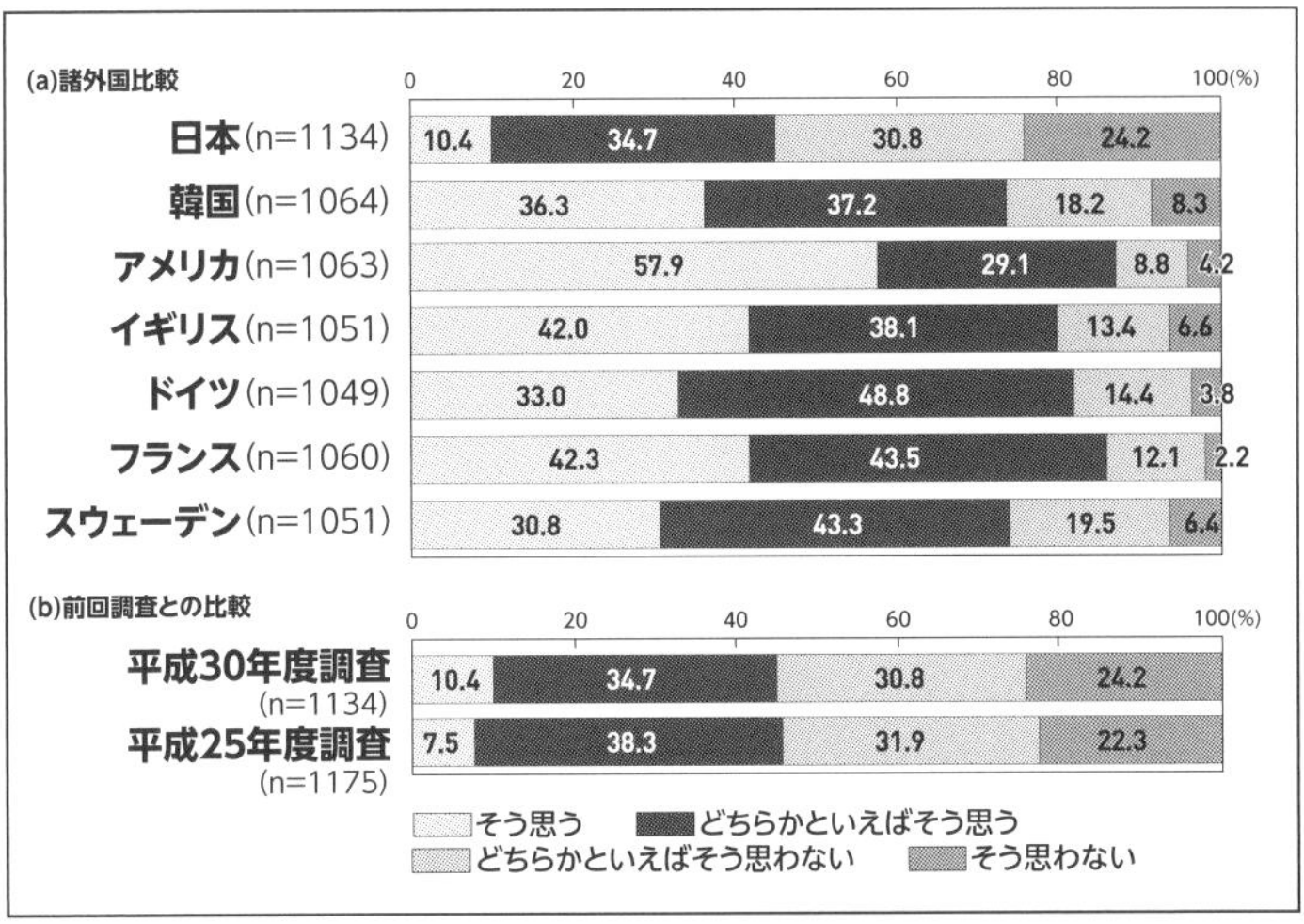

図2：自分には長所がある

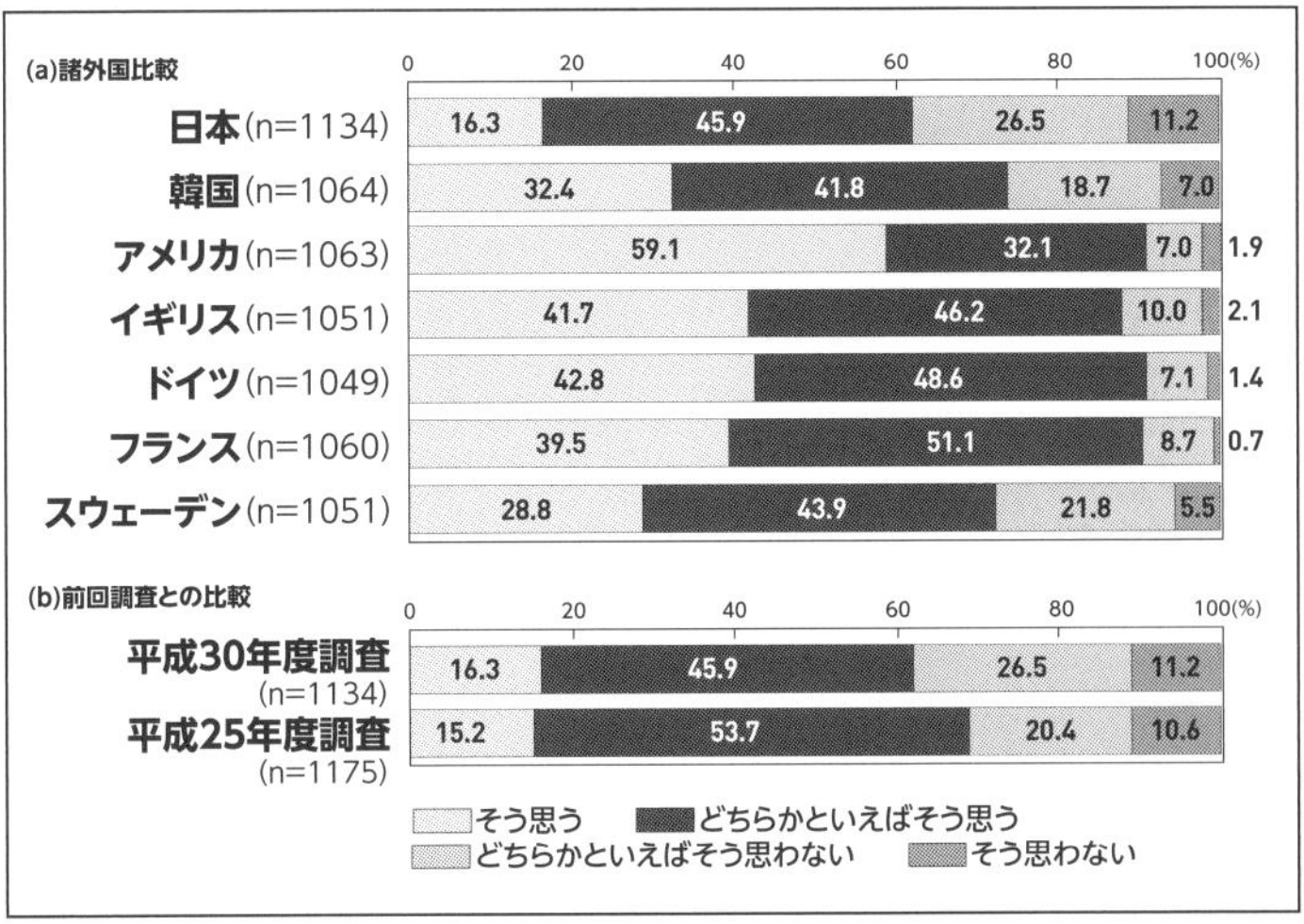

※図１・2
https://www8.cao.go.jp/youth/whitepaper/r01honpen/pdf/b1_00toku1_01.pdf

図3：うまくいくかわからないことにも意欲的に取り組む

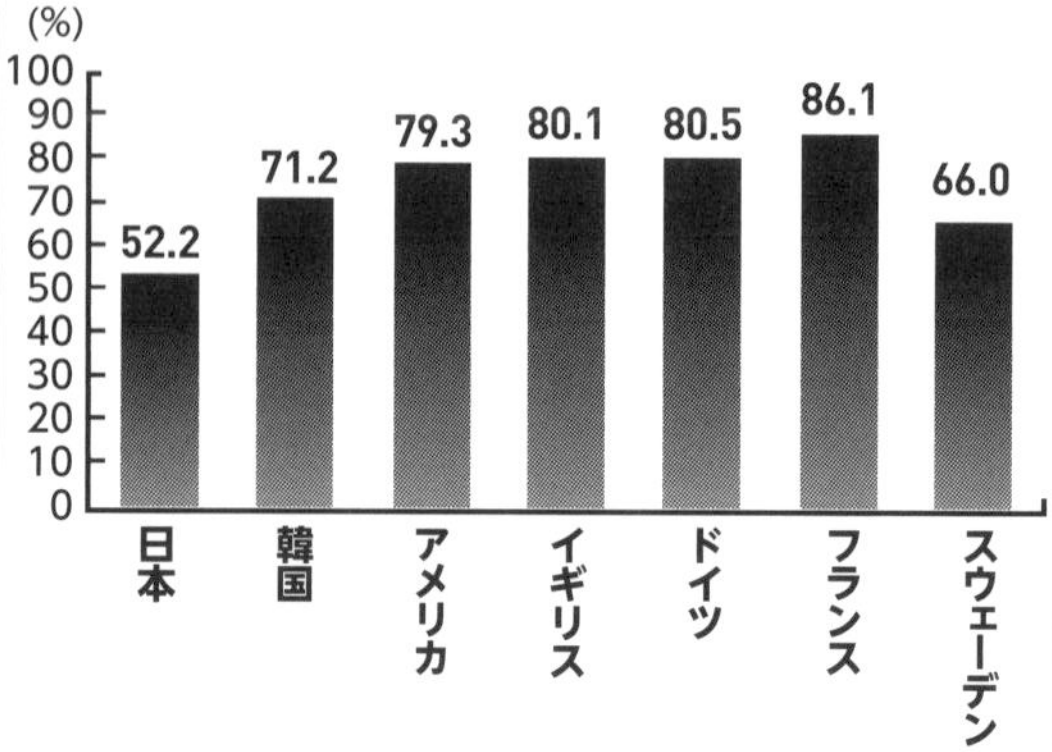

注：「次のことがらがあなた自身にどのくらいあてはまりますか。」との問いに対し、「うまくいくかわからないことにも意欲的に取り組む」に「そう思う」どちらかといえばそう思う」と回答した者の合計

図4：つまらない、やる気が出ないと感じたこと

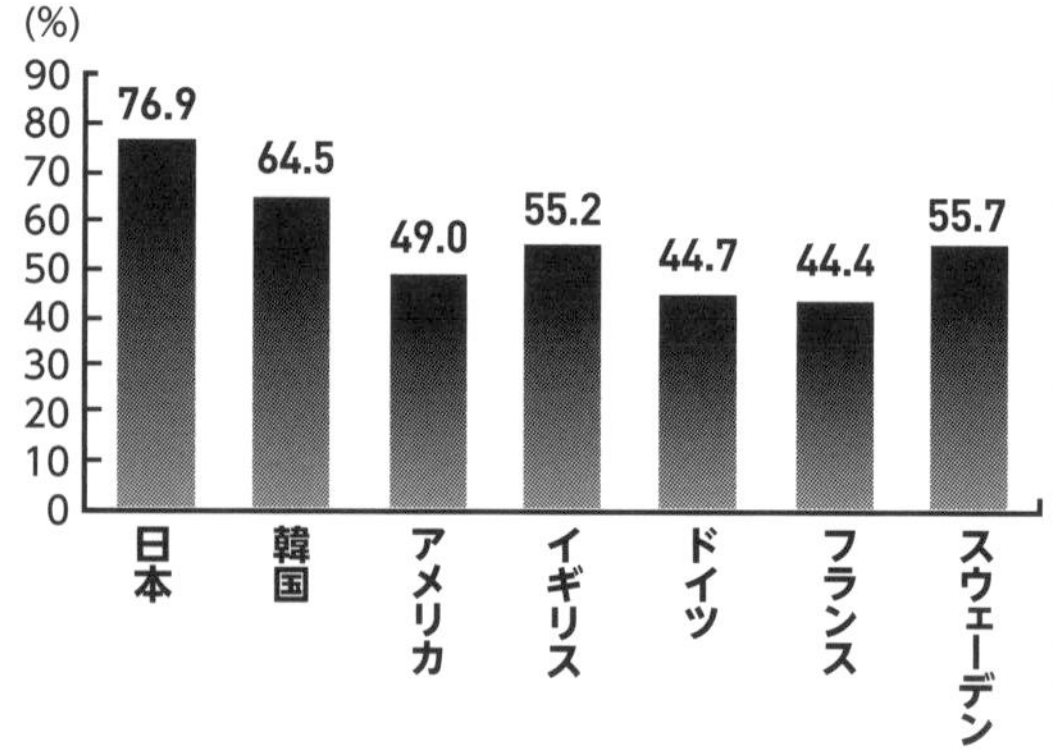

注：この一週間の心の状態について「次のような気分やことがらに関して、あてはまるものをそれぞれ1つ選んでください。」との問いに対し、「つまらない、やる気がでないと感じたこと」「あった」「どちらかといえばあった」と回答した者の合計。

※ 図3・4 ／ 平成25年度の調査
https://www8.cao.go.jp/youth/whitepaper/h26gaiyou/tokushu.html

平成25年度と平成30年度と過去に2回、同様の調査をしていますが、5年間で、「自分自身に満足していない」と答えた人の割合は0・7ポイント上昇（54・9%）し、「自分には長所がない」と答えている人の割合は6・6ポイント（37・7%）も上昇しています。

これは、大きな社会問題だと言えます。

また、平成25年度のみの調査ですが、「つまらない、やる気が出ない」と感じたことがある人の割合は76.9%と、フランス（44・4%）、ドイツ（44・7%）、アメリカ（49%）、イギリス（55・2%）と突出しています。【図4参照】

上司や経営者が、「Z世代はやる気が見えない」と嘆くのをよく見かけますが、この調査結果より、原因は自己肯定感が低く、物事に積極的に取り組めないでいることから【図3参照】、**「やる気が出ない」状態**にあるのが推察できます。

スタッフのやる気を高めるには、自己肯定感を高めることが近道です。そのための第一歩が、自分には長所（強味）が存在し、価値ある存在だと思えるようにすることです。

自分自身の長所（強味）を知る

私が企業研修で行うワークをご紹介しましょう。1工程15分以内で行えます。研修の受講者を５人程度の小グループに分け、参加者に付箋を１束ずつ配ります。

その付箋に、ひとつ目の工程として、自分の長所（＝強味）と思えることを１枚の付箋に１項目ずつ、10個以上記入します。次に、同席しているメンバーについて、同じ要領で各自の強味と思えることを、ひとりにつき10個以上記入していきます。

全員分の強みを付箋に書き終えたら、２つ目の工程に移ります。同席しているメンバーひとりずつに対して、記入した強味を読み上げて、最後にその付箋をプレゼントします。

このワークを終えると、自分で書いたものと周りから受け取ったものを合わせて50個以上の自分の強味が書かれた付箋が手元に集まります。

最後の工程として、３枚の白紙（A４サイズ）を用意して、それぞれの用紙に表題として、「自分も周りも知っている強味」「自分は知らないが周りが気付いている強味」「自分だけが知っている強味」と記入し、手元にある付箋をその３枚に分類しながら貼り付けていきます。その後、その３枚の用紙を見て感じたことを各々が発表していきます。

受講者からは**「自分で長所だと思っていないことが、人から見ると強味だったり、自分では全く気付けなかった強味がわかり自信が持てた」**などの反応があります。

このように、自身の強味を理解していくことで、自分は価値ある存在であると思えるようになり、自己肯定感が高まります。

3 同席しているメンバーひとりずつに対して、
記入した強味を読み上げ、
最後にその付箋をプレゼントする

4 手元にある付箋を
「自分も周りも知っている強み」
「自分は知らないが周りが気付いている強み」
「自分だけが知っている強み」
の3つに分類して貼り付けていく

自分自身の長所（強味）を知るためのワーク

1 自分の長所（=強味）と思えることを
1枚の付箋に1項目ずつ、10個以上記入する

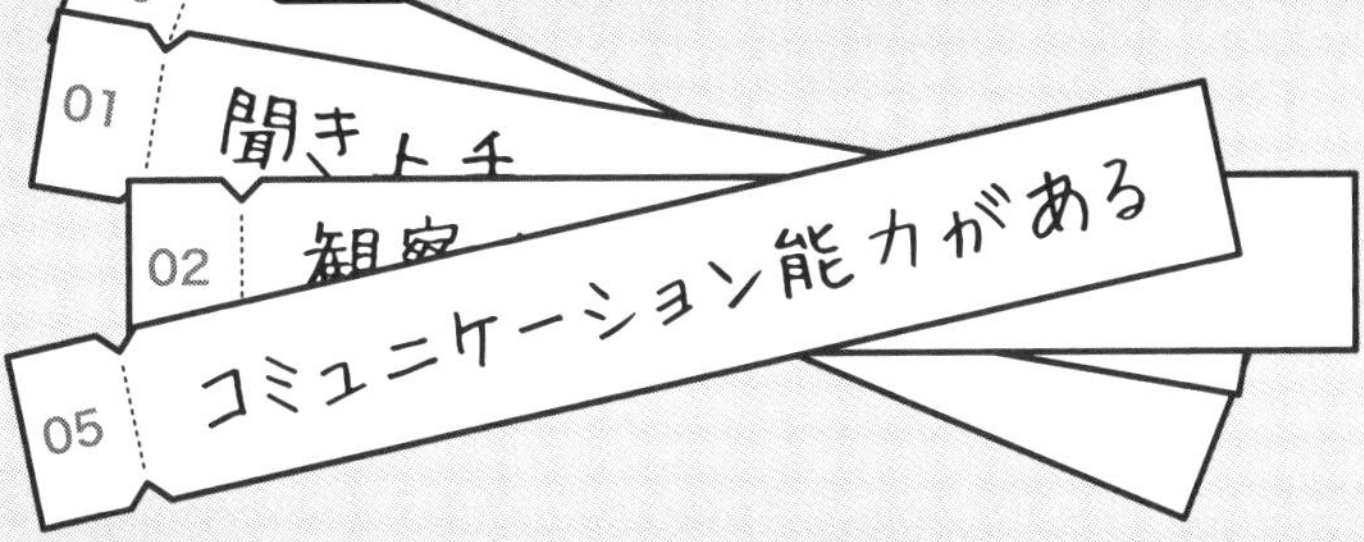

06
01
02
05
コミュニケーション能力がある

2 グループ内のメンバーの強みを
ひとりに対して10個以上記入する

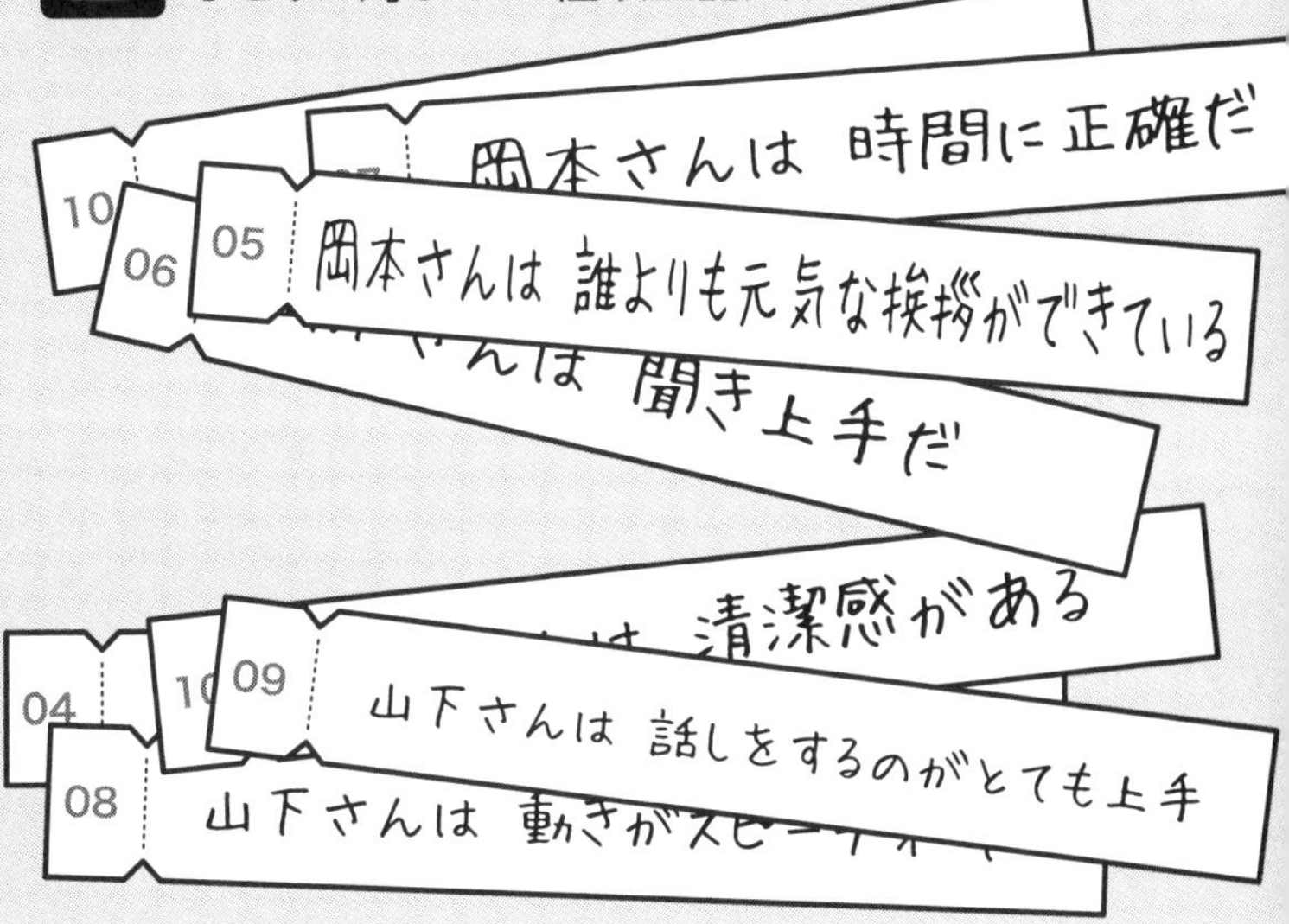

06
05
岡本さんは 誰よりも元気な挨拶ができている
聞き上手だ
清潔感がある
04
09
山下さんは 話しをするのがとても上手
08

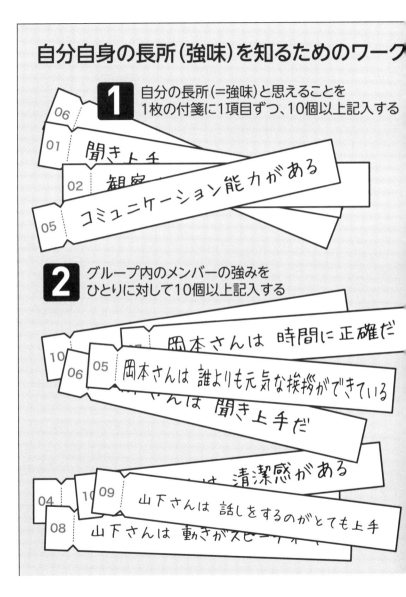

岡本さんは 時間に正確だ

04 何を言っても無反応なタイプには

スタッフ教育を行う際に、うなづいたり、返事をしたり、表情や態度を変えたりすることがない、無反応なタイプがいると、教えたことを理解しているのかどうかがわからないので、やりにくさを感じます。

無反応なタイプへの対処法は**「反応することを教える」**です。

私が人材育成に関わっている企業の研修会で、演習ワークのやり方を説明した後、「わかりましたか?」と尋ねたのですが、受講生から反応がありませんでした。説明を真面目に聞いているようでしたが、当時はコロナ禍中で、受講生はマスクをつけており、表情が見えないので、伝わっているのかどうか判断できませんでした。

そこで、「リアクションをしてくれないと、皆さんが理解しているのかどうかわからない」と伝え、もう一度、理解しているのか否か尋ねたところ、全員が「はい」と返事をしました。別の研修会でも同じようなことが幾度となくあります。

その後、受講生に対して、「相手が何かを伝えた際に、うなづく、返事をする、メモを取るなど反応することは相手への心遣いである」「無反応であるのは、相手に対して失礼なことである」「心の中で返事をしていたとしても、言葉や態度で表面から見えるようにリアクションをしなければ、相手には通じない」と伝えました。それからはわかりやすく反応をするようになりました。

そんなことまで教えなければいけないのか？　と思われるかもしれませんが、これが現実です。**反応が薄い（無反応）なスタッフへは、反応することの大切さを教えましょう。**

2つ目の対応策は**「反応するまで待つ」**ことです。たとえば、「今日、調子どうですか？」と質問をして、間髪いれずに「バッチリです！」と答える人がいます。筆者はこのタイプですが、すぐに答えが返ってこない人も多くいます。

また、「体調はバッチリです！」と、体調のことを尋ねていないのに、勝手に判断して答える人もいます。

すぐに反応できない人は、頭の中でいろいろと考えてから答えたいと思っている人です。「何の調子について質問しているのか？」「こんなことを言ったら変に思われないだろうか？」そういうことを頭の中で自問自答しているのです。誰でもそうですが、真剣に考えているときには無言になります。その状態を傍から見ていると、無反応ととらえられてしまうのです。

無反応な問題児とレッテルを貼っているスタッフが、コミュニケーションを取る際のスピードが遅いだけというケースもあります。そういう場合は、**相手が反応するまで待つこと**が必要です。

05 「嫌い」「苦手」なタイプとの付き合い方

上司、経営者も人間なので、「嫌い」「苦手」と感じるスタッフもいるものです。かといって、ただ扱いづらい相手を避けるだけではマネジメントはできません。嫌だからと言って簡単に辞めさせることも、当然できません。

そもそも、嫌い、苦手と感じるようになった原因は、職場でそのスタッフが取る言動によるものであり、「存在」ではないはずです。彼らの「行動」と「存在」を分けてとらえていきましょう。

扱いづらいと思える人物にも、友人や家族がいます。おそらく、その人達にとっては、かけがえのない存在であるはずです。違う角度から見れば、彼らの違う一面が見えてきます。

「嫌い」「苦手」と思うフィルターを外して、彼らの真の姿を見るようにしましょう。

嫌いなスタッフに任せた仕事の出来栄えが、こちらが思っている状態とは違い、雑な仕上がりだと感じたとしましょう。そのとき、「また適当に仕事していたな！」と腹を立てるのではなく、「自分の指示の出し方が悪かったので、できなかったのではないか？」ととらえ直すのです。

このように物事を見るときの視点や考え方などを変えることを心理学では**「リフレーミ**

ング」と呼びます。

「嫌い」「苦手」と感じるスタッフをリフレーミングすれば、その人物が職場にいることは、自分を組織のリーダーとして成長させるために与えられた課題。そのスタッフをうまくマネジメントできるようになれば、自身がレベルアップできると考えられるようになります。

そうすれば、スタッフへ抱く感情や接し方も徐々に変わっていきます。

前提として、**「相手を変えることはできない」**、**「変えられるのは自分自身のことだけ」**という観点で、物事をとらえていくことが必要です。

また、**「公平に扱うと決める」**ことも大切です。日本を代表するグローバル企業、ブリヂストンの元CEO荒川詔四氏は、「リーダーは、部下に対する『好き・嫌い』の感情に関わらず、全員を無理してでも公平に扱うべし」と述べています。

一時的な感情に流されてしまい、自分と気の合う部下だけを依怙贔屓して、嫌い、苦手と感じるスタッフを冷遇するようなことがあれば、リーダーとしての信頼度が落ちてしまいます。

上司、経営者は、課せられた任務（目標）の達成が最大のミッションです。感情に左右されずに、自分の使命を全うすることに全力を尽くしましょう。

自分の本来の仕事、役割を自分自身でもう一度とらえ直して、苦手な部下に接するようにしてみてください。

組織の中のリーダーとしての「役割」を優先して関われば、道は自然と開けます。

06 発達障害の疑いのある部下への対応

近年、「発達障害」という言葉をよく見聞きするようになりました。文部科学省の調査によると、全国の公立小中学校の通常学級に通う生徒の6・5％が発達障害の可能性があるとするデータがあります。1クラスに2人ほどの割合です。（※8）

学校だけではなく、発達障害と思われる人が職場にいると、周りにいる人がストレスを抱えることもあります。それが原因で人間関係が崩れて、働きにくい職場になることも。

発達障害の当事者も、強い口調で注意されたり、仲間外れにされるようなことが続けば、職場に行きたくなくなり、休みがちになったり…それが原因で二次障害として鬱になることもあります。

発達障害のグレーゾーンに含まれる人は、本人からの申告がある以外は採用時に健常者と見分けることはできないことが多いでしょう。もし今、職場に該当する人がいないとしても、今後、入社してくる可能性は十分考えられます。

なぜ、発達障害の疑いのあるスタッフがいると、職場でストレスを抱える人が増えるのか？　それは、発達障害について知識がないことが原因です。本人に注意を促したとしても、行動や考え方が、急に変わることは期待できません。

正しい対応の仕方を知らずに、たとえば、ミスをしたことに対して、厳しく叱るようなことをすれば、人によってはパニックを起こすこともあります。そうなると、現場は混乱してしまいます。

周りにいる側が、正しい情報を得て、対応していくことが必要なのです。

発達障害の種類や特性は厚生労働省の『知ることからはじめよう　こころの情報サイト』などで紹介されているのでご参照ください。（※9）

多くの現場において、一度に複数の仕事を並行して実施しますが、ADHD（注意欠如・多動症）の疑いのある人は不得意です。そういう場合は、できるだけ、任せる業務を絞り、ひとつのことに集中させて、それが完了したら、次の業務を任せていくようにするなど、こちら側でコントロールしていけば、大きな問題になりません。

私がかつて経営していた店では、1名ずつ、出勤時間中に行うべきことを、順番に記載しているシートを作成し、そこに明記されているタスクを完了したら、消し込みながら作業を進めていました。

今思えば、発達障害ではないかと思えるスタッフもいましたが、出勤して、やるべきことが明確になっているので、迷うことなく自分の仕事をこなすことができていました。

ＡＤＨＤで、物忘れが多いという特性が強い人であれば、どうすれば忘れなくなるのかについて、本人と一緒に対応法を考えていきましょう。このとき、上司や教育担当者が考えたことをやらせるのではなく、あくまでも本人主導で対策を決めていくことが大事です。

彼らの行動や言動が特異なものであったとしても、発達障害の特性であると理解していれば、想定内と思えるので、過度にこちらがストレスを抱えることはありません。また、皆が働きやすい職場環境を保つこともできます。

厚生労働省のホームページでは、「精神・発達障害者しごとサポーター養成講座（ｅ－ラーニング版）」が無料公開されています。数分で発達障害についての正しい知識と対応の基本が学べるので、ぜひ活用してみてください。（※10）

07 ネガティブな発言が止まらないタイプ

愚痴、不満、批判、悪口など、ネガティブな発言をしている人が職場にいると、一気に空気が淀んでしまいます。特に、同僚や上司の悪口を陰で言いふらす人がいると、人間関係に亀裂が生じます。厚生労働省の調査では、若年層の離職理由の26・9％が「人間関係がよくなかった」でした。（※11）

悪口を言っている人の周りには、何も思っていないのに、仲間外れにされたくないと思い、無理をして、悪口に付き合っているという人もいます。ストレスを感じるでしょうし、こういうことが頻繁にあると、会社に行くのが嫌になってしまいます。

私自身も、大学を卒業してすぐに入社した会社の初出勤の日に、先輩社員から上司の悪口を聞かされ、モチベーションが著しく低下した経験があります。この会社に就職してよかったのだろうか？　と心配にもなりました。

なぜ、他人の悪口を言いふらす人が生まれるのか？　**悪口を言っている人は承認欲求が極端に強い人**です。承認欲求とは「周りから価値ある存在と認められたい」という人間の根源的な欲求です。人の悪口を言うことで自分に注目が集まるのに加えて、共感してくれる人が現れるので、それにより承認欲求を満たそうとしているのです。

また、悪口を言ってストレス発散をしようとする人もいます。しかしながら、一時的にはストレス発散にはなるけれど、その後、スッキリするかと言えばそうではなく、後味が悪い感覚が残ります。精神科医の樺沢紫苑氏によれば、悪口を言うことで、ドーパミンが脳内に分泌されるので、楽しい気分になるが、それと同時にコルチゾールというストレスホルモンが分泌されるので、ストレスを感じるとのことです。

私は研修の場で、**「スタッフは上司、経営者の鏡」**と伝えています。スタッフは上司の言動をよく見聞きしています。
目の前にいないスタッフについて、「Aさんは仕事が遅いからな〜」とつぶやいたり、取引先の担当者に対する文句を言ったり、店舗であればお客様のことを「さっきの客は最低だ！」などと、悪口を言っていたとしたら、スタッフはそれを真似て同じように悪口を言うようになります。

組織内の空気は上司、経営者が作り出しています。自分が悪口を言いそうになった場合は、職場ではぐっとこらえて、プライベートの場で何でも話せる間柄の人に、短めに伝えるようにしてください。そして、話し終えたらそのことは封印します。もしくは、紙に書き出して、その後、用紙をシュレッダーに掛けて粉砕してしまいましょう。

悪口と同じようにネガティブな発言で「不満・批判」がありますが、似て非なるものです。「不満・批判」を抱く人は、自分がいいと思っていること（考え・アイデア）があるのに、現状が思い通りにならず、そこに不満を感じて批判しているのです。

いわば、自分の意見を持っている人です。そういう人の持つアイデアが意外とよい場合もあります。まずは、話を聞くことから始めましょう。

その際、スタッフには「単に不満をいうだけでは何も解決しないし、お互いにとってのメリットがない」と告げます。そのうえで、不満に感じていることをどうすれば改善できるのか？　アイデアを聞かせて欲しいと伝えます。聞く側がオープンなスタンスでいれば、スタッフも心を開いて自分の意見を話してくれます。

アイデアを聞いた後は、よりよい職場、働きやすい環境にするために、協力してほしい旨も伝えましょう。

ネガティブな発言をするスタッフも煙たがらず、その人の言葉に耳を傾ければ、よき協力者に変わります。

08 生真面目すぎて疲弊しがちなスタッフの対処法

何事にも一生懸命に取り組む、周りへの気遣いを忘れない、責任感がある…一言で言えば、「生真面目」なスタッフが現場にいると上司、経営者の右腕になるので助かります。ただ、無理をして、そのように振舞っているとしたら、業務をこなしていくうえで疲弊して、モチベーションを下げ、離職につながります。

上司から言われたことについて一生懸命に取り組むのは、「期待に応えたい」との思いの表れです。もちろん、そういう意識を持って仕事に励むことは問題ないのですが、期待を裏切れない気持ちが強くなり過ぎるとストレスになってしまいます。

ミスをしてはいけない、もっと頑張らなければいけないと思いながらも、成果が出ないとなると、上司に申し訳なく思う気持ちが強くなります。それとともに、期待に応えられない自分を責めて自己嫌悪に陥ります。これが続けば、鬱になって辞めてしまうこともあります。

せっかく頑張ろうと思い真面目に仕事に取り組んでいるのですから、退職は避けたいですよね。そのために、上司、経営者としては、スタッフの日々の変化に敏感になることが必要です。

昨日と今日で、顔色や表情に変化はないか？　発言がネガティブ寄りになっていないか？　欠勤や遅刻が目立つようになっていないか？　残業が続いていないか？　など、しっかり観察してください。少しでも変化に気づけば、声を掛けて、話を聞くようにしましょう。

生真面目すぎるスタッフが、ストレスを抱え込まないようにするには、悩みを吐き出す機会を作ることが大切です。普段から雑談をするなどして、コミュニケーションをしっかり取り、悩みを打ち明けやすい関係性を保ちましょう。

いつもは話をしないような相手に本音は言わないので、上司、経営者から歩み寄り、語りかけるようにしてください。

任せられた仕事を、責任を持ってやり遂げる意識を持つことは大切です。ただ、すべて自分の力で完了させなければならないと思うと、途端にプレッシャーが重くのしかかってきます。生真面目すぎるスタッフが陥りがちな落とし穴です。

この状態から抜け出すには、仕事は単独で行うものではなく、協力して行うことが大事であると説きます。そのうえで、自分が抱えている業務について、上司や先輩、同僚と共有し、進捗報告も随時行うように促してください。

業務を進めていくうえで、失敗をすることもあるでしょう。その際も隠さずオープンにするように伝えてください。

ミスをしたことを周りに伝えるのは勇気がいります。怒られないか？　馬鹿にされないか？　評価が下がらないか？　などと考えると、なかなか言い出せなくなります。

ミスしたことを黙っていると、それが原因で大きなクレームにつながる場合もあります。

そうならないために、職場にいるメンバーへ、何でも話せたり、相談できたりする環境を作ることが必要です。

大切なのは、上司がスタッフへ否定的な発言をしないことです。マイナス評価ではなく、加点評価を主として行うことから始めてください。

職場が、安心安全な場だと認識すれば、何でも話せるようになります。そういう環境が整えば、上司、経営者に情報が入ってくるようになるので、現状把握がしやすくなります。問題が生じても、大きくなる前に未然に防止することができるようにもなります。

それでも、ミスを気にしすぎるスタッフがいれば、「人間であればミスをするのはごく普通のことであり、その後にどう対応するのかが重要である」と諭しましょう。その際、上司、経営者の過去の失敗エピソードを話すと、安心できるので効果的です。

生真面目すぎるスタッフは、完璧を求めすぎるきらいがあり、それが過ぎるとストレス過多に陥ります。上司、経営者から見ていて、１００点を求めすぎていると感じれば、70点で合格とすることを提案してください。完璧主義に陥ると、仕事が遅くなりがちですし、周りにも完璧を求めるようになるので、人間関係がうまくいかなくもなります。もっと、肩の力を抜くように促しましょう。

常時、従業員が50人以上を雇用する企業では、年に1回以上の「ストレスチェック」の実施が義務化されています。そういう制度がない職場でも、上司、経営者がスタッフの心身の健康状態を確認していくことは大切な仕事です。

必要以上に早い時間に出勤していたり、自主的なサービス残業や休日出勤をしている場合もあるので、勤務状況の実態把握をしてください。オーバーワークになっているスタッフがいれば、決められた勤務時間、出勤日数内で、仕事を完了させることが本来の姿であることを再認識させましょう。ストレス過多に陥っているとわかれば、ストレス発散ができているかどうかも確認してください。

仕事は短距離走ではなく長距離走なので、ワークライフバランスを保つことが、自身にも、会社にとっても大切だと説きましょう。

あとがき

本書では、プレイングマネージャーとして孤軍奮闘する上司、経営者に、短時間の「15分」で行える効果的なマネジメント手法をお伝えしました。

マネジメントで大切なのは、世代や国籍、性別などで区別し一括りにして扱うのではなく、個人差を把握して、個別にマネジメントを行うことです。そのためには、一人ひとりに向き合う時間を持つ必要があります。

人手不足の現場で、膨大な業務と重い責任を背負いながら、日々の仕事に取り組むことになると、どうしても目の前のタスクをこなすことに時間を奪われてしまうでしょう。でも、ほんの少しでいいので、あなたのもとで働く「人」に本気で関わる時間を作ってほしいのです。

日々、1％の努力を継続していくことで、1年後には何も行っていない場合と比べて、38倍もの差が生まれるという「1％の法則」があります。

1日は1440分ですから、15分は1日の「約1％」です。1日の1％をスタッフと対峙することに力を注ぎ、積み重ねていけば、彼ら、彼女らは上司、経営者であるあなたが自分に関心を寄せてくれていると思えるようになります。承認欲求が満たされてうれしい気持ちになり、モチベーションも上がります。結果として離職も減っていきます。

「15分マネジメント」を継続すれば、近い将来、あなたの目の前にかかっていた靄が晴れていく日が必ず訪れます。頑張っているあなたを応援しています。

本書を出版するにあたり、取材をさせていただいた企業の方々、アンケートやインタビューに協力くださった皆様、ありがとうございました。

Z世代ど真ん中の息子と娘には、何度も質問をして、20代前後の人たちの本音を詳しく聞かせてもらいました。付き合ってくれてありがとう！　もちろん、私の体調管理と事務所運営のサポートをしてくれた妻にも感謝しています。

そして、前著に続き、本書を企画の段階から相談に乗っていただいた株式会社WAVE出版の藤岡比左志様、多くの人に役立つ本にするために編集に力を注いでいただいた、合同会社ヤマモトカウンシルの山本貴政様、中嶋愛様に心からお礼を申し上げます。

本書が、上司、経営者の抱える「人」に関する悩みが「ゼロ」になるための一助となることを願っております。

2023年12月吉日　メンタルチャージISC研究所（株）　岡本文宏

注釈&参考文献

注釈

●p2 *1、p72 *2
「新規学卒就職者の離職状況（平成31年3月卒業者）」厚生労働省
https://www.mhlw.go.jp/content/11805001/001005624.pdf

●p74 *3
「令和3年就労条件総合調査」厚生労働省
https://www.mhlw.go.jp/toukei/itiran/roudou/jikan/syurou/21/dl/gaiyou03.pdf

●p96 *4
「副業・兼業に関するアンケート調査結果」一般社団法人 日本経済団体連合会（2022年10月11日）
https://www.keidanren.or.jp/policy/2022/090.pdf

●p97 *5「モデル就業規則（令和5年7月版）」厚生労働省労働基準局監督課
https://www.mhlw.go.jp/content/001018385.pdf

●p97 *6
副業とは主となる仕事以外にアルバイトなどで収入を得ることで、兼業とは主となる仕事の他に、
個人事業主や会社経営を行うケースを言います。この行以降、ここでは双方を「副業」と表記します

●p120 *7
「採用選考時に配慮すべき事項」厚生労働省
https://www.mhlw.go.jp/www2/topics/topics/saiyo/saiyo1.htm

●p189 *8
現在、公立の小、中学校では、学級は35名の生徒数になるように段階的に調整が行われています
https://www.mext.go.jp/content/20210331-mxt_zaimu-000013849_1.pdf
※上記の1ページ目参照
https://www.mext.go.jp/b_menu/activity/detail/2021/20210331.html
2023年の段階では、40名というケースもありますが35名で設定すると6.5%なので、「1クラスに2人」としました

●p191 *9
「知ることからはじめよう　こころの情報サイト」
国立研究開発法人 国立精神・神経医療研究センター 精神保健研究所
https://www.mhlw.go.jp/kokoro/know/disease_develop.html

●p192 *10
「精神・発達障害者しごとサポーター養成講座（eラーニング版）」厚生労働省
https://www.mhlw.go.jp/seisakunitsuite/bunya/koyou_roudou/koyou/shougaishakoyou/shisaku/jigyounushi/e-learning/

●p193 *11
「平成30年若年者雇用実態調査の概況」厚生労働省
https://www.mhlw.go.jp/toukei/list/4-21c-jyakunenkoyou-h30.html
https://www.mhlw.go.jp/toukei/list/dl/4-21c-jyakunenkoyou-h30_08.pdf

参考文献

『今日がもっと楽しくなる　行動最適化大全』
樺沢紫苑著／KADOKAWA

読者限定・無料プレゼント

10個のダウンロード資料

本書の内容をより深く理解し、行動して結果を
出して頂くために10のダウンロード読者特典をご用意しました!

Part 1　①【動画】Z世代のトリセツ

岡本文宏がZ世代のマネジメントのコツを解説します。

Part 2　本書でご紹介している3大マネジメントシート

ダウンロードして現場ですぐに使えます!
② 個別ミーティグ事前準備シート P67
③ 求人応募者・問い合わせ受付シート P90
④ 採用面接シート P108

Part 3　本書に収められなかった「未公開原稿」6編

⑤ 変化を嫌うベテラン社員の処方箋
⑥ 仕事ができないのに「自分はできる」と思い込んでいるタイプ
⑦ 言われたことを直ぐにやらない「先延ばし癖」タイプ
⑧ 勝手に判断し行動する「暴走族」タイプ
⑨ 指示をしないと何もしない「指示待ち族」タイプ
⑩ 教えたことをメモしないスタッフにイライラする! ときの対処法

CHECK!
下記のURLかQRコードにアクセスして
読者限定特典を無料で入手してください。
https://tinyurl.com/5c3jsh8e

筆者の書き下ろしメルマガも届きますのでお楽しみに!
この特典は予告なく終了する場合があります。

岡本文宏

おかもと　ふみひろ

スタッフのやる気と定着率を一気に上げる！ 人材マネジメントの専門家

コンテンツ起業家育成コーチ ／ メンタルチャージISC研究所（株）代表取締役

アパレル専門店チェーン勤務を経て、セブン－イレブンのFC店を経営。人が「採れない、育たない、続かない」三重苦の中、2時間半の睡眠で180日連勤を経験。「過労死するかも…」と常に不安を抱えていたが、コーチングを学ぶことをきっかけに、マネジメントの在り方、人材育成の方針を大きくシフトチェンジする。FC契約解消後、2005年にメンタルチャージISC研究所（株）を設立。現在は、経営者、リーダーに、スタッフの“やる気”を上げ“離職率”を下げるマネジメント実践法、自ら考え動く“できる人材”の採用ノウハウを教える専門家として活動している。著書に『独立してコンサルタント、専門家で活躍するために絶対にやるべきこと』（WAVE出版）や『店長の一流、二流、三流』（明日香出版社）などがある。

岡本文宏のホームページhttps://okamotofumihiro.com/

仕事のできる人を「辞めさせない」
15分マネジメント術

離職を防ぐために今やるべきこと

2023年12月19日　第1版第1刷発行
2024年 4 月17日　第1版第2刷発行

著者　岡本文宏
発行所　WAVE出版
〒102－0074 東京都千代田区九段南3－9－12
TEL　03-3261-3713
FAX　03-3261-3823
振替　00100-7-366376
Email　info@wave-publishers.co.jp
http://www.wave-publishers.co.jp

印刷・製本　中央精版印刷

NDC336 19cm ISBN978－4－86621－471－9